JN440402

사회복지사가 쓴 클라이언트 사례집

사회복지실천 워크북

조성우 외 공저

학지사

머리말

이 책은 사회복지 현장에서 쉽게 만날 수 있는 다양한 클라이언트들의 이야기를 소개하는 책으로서 사회복지실천론, 사회복지실천기술론, 사례관리론 수업에서 이루어질 사정, 개입계획, 사례회의 연습을 위해 개발된 교재입니다. 많은 사회복지사가 대학의 전공교육이 좀 더 현장중심으로 이루어져야 한다고 말하고 있습니다. 학생들도 나중에 사회복지사가 되어 현장에 투입되면 클라이언트를 위해 실제로 활용할 수 있는 지식, 기술, 가치를 대학에서 배우기를 희망합니다. 그러나 여전히 대학의 사회복지교육은 교수자 중심, 강의 중심, 지식 중심입니다. 최근 대학가에는 프로젝트중심 교수법(Project based learning), 문제해결중심 교수법(Problem based learning), 액션 러닝(Action Learning), 플립 러닝(Flipped Learning) 등 새로운 교수법들이 적극적으로 도입되는 추세입니다. 이들 교수법의 공통적인 특징은 학생들이 주체가 되어서 참여하는 교육을 추구한다는 것입니다. 학생들이 침묵하고 수동적으로 반응하는 수업은 이제 더 이상 유효하지 않습니다. 예비 사회복지사로서 학생들은 졸업 후 현장에 투입되자마자 클라이언트를 만나고 그들의 문제를 사정하고 개입해야 합니다. 그러므로 이러한 역량을 갖출 수 있도록 수업에서 충분하게 준비시켜 현장으로 내보내야 합니다.

이를 위한 구체적인 방법으로 사례 중심의 교육을 제안합니다. 저자는 수년 전부터 사회복지실천론 수업에서 새로운 시도를 하고 있습니다. 그것은 교수가 가르치는 강의 시간을 30% 이하로 줄이고 나머지 시간에는 학생들이 직접 클라이언트를 사정하고, 개입계획을 세우고, 모의 사례회의를 실시하도록 하는 것입니다. 저자가 수행한 수업방식을 요약하면 다음과 같습니다. 1교시에 교수는 교재의 핵심내용을 중심으로 간략히 이론 교육을 하고 교수와 학생 간에 서로 질의응답을 합니다. 2교시에 클라이언트 사례를 가지고 팀별로 동그랗게 모여서 클라이언트를 사정하는 시간을 충분히 갖습니다. 이때 학생들은 역할극을 수행하며 수업시간에 배운 이론을 적극적으로 활용하고, 커다란 스케치북을 활용해서 생태도를 그리고 여백에 분석내용을 마음껏 작성합니다. 그리고 3교시에는 사전에 지정된 순서에 따라, 담당 사회복지사(학생)가 나와서 사례회의를 진행합니다. 담당 사회복지사는 클라이언트를 마치 자신의 진짜 클라이언트처럼 인식하고 사정내용과 개입계획을 학생들 앞에서 발표합니다. 학생들은 동료 사회복지사가 되어 담당자의 사정내용과 개입계획에 대해 질문하거나 더 나은 대안들을 제시하며 토론합니다. 이렇게 수업을 재설계하니 가장 눈에 띄는 변화는 거의 모든 학생이 수업에 집중한다는 것이었습니다. 그리고 전공학습에 흥미를 보이기 시작했습니다.

새로운 수업이 성공을 거두기 위한 가장 중요한 조건은 바로 수업에 적합한 좋은 사례를 선정하는 일이었습니다. 그동안 충남대학교 최해경 교수님께서 번역하신 『사회복지실천 사례집』(2010)을 교재로 활용했습니다. 이 책에는 다양하고 흥미로운 사례들이 기관별로 제시되어 수업을 진행하는 데 매우 유익했습니다. 그러나 이 책에서 소개된 모든 사례는 해외 사례여서 늘 아쉬움이 남았습니다. 그래서 종종 한국의 사례를 소개하자 학생들은 더욱 적극적으로 수업에 참여하는 모습을 보여 주었습니다. 이러한 배경에서 한국의 사회복지현장 사례를 소개하는 책이 필요하다고 생각하며 최해경 교수님의『사회복지실천 사례집』을 참고하여 이 책을 만들었습니다.

이 책을 집필하기 위해 본인을 포함해서 총 26명의 사회복지사가 참여했습니다. 제가 1장을 썼고, 24명의 사회복지사들이 2장에서 자신의 클라이언트 사례를 작성했습니다. 그리고 대학원에서 연구 중인 사회복지사가 3장을 작업했습니다. 저자들은 사례 선정 기준을 '자신의 기관에서 언제든지 만날 수 있는 전형적인 클라이언트'로 결정했습니다. 참고로 일부 사례는 실제 사례이고 일부 사례는 각색된 사례입니다. 실제 사례는 당사자의 동의를 받은 후 작성되었고, 각색된 사례는 실제적인 단서를 가지고 작성되었음을 밝힙니다. 그리고 모든 사례 이야기는 생태도나 사정 양식 없이 오직 글로만 풀어서 썼습니다. 생태도를 그리고 사정보고서를 작성하는 것은 학생들의 몫이기 때문입니다.

이 책이 사회복지교육에 의미 있는 도구로 활용되기를 기대합니다. 바쁜 현장 업무 중에서 뜻을 모아서 함께 책을 집필해 주신 동료 사회복지사 선생님들께 진심으로 감사의 마음을 전합니다. 그리고 책을 흔쾌히 출판해 주신 학지사 김진환 사장님과 직원 선생님들께도 감사드립니다.

2018. 3.

저자들을 대표해서 조성우 씀

이 책의 구성

1장 클라이언트를 보는 관점

본격적인 사례를 읽기에 앞서 사회복지사는 어떤 관점으로 클라이언트를 사정해야 하는가를 소개했다.

2장 클라이언트 사례

각 사례는 해당 기관의 사회복지사가 직접 작성했고 내용은 다음과 같이 구성되어 있다.

기관소개

사회복지사가 클라이언트를 만난 기관을 소개한다. 이 책에 실린 모든 기관은 실제로 존재하는 기관이고, 사례를 작성한 사회복지사 역시 기관에 재직하고 있다. 기관에 대한 정보를 읽으며 학생들은 기관의 맥락 속에서 사례를 바라볼 수 있게 된다.

지역사회 특징

기관이 위치한 지역사회 체계에 대한 정보를 제공한다. 이를 참고해서 학생들은 클라이언트를 바라볼 때 지역환경을 고려할 수 있다. 그리고 클라이언트를 위한 개입계획을 세울 때 생태체계의 다양한 자원 활용 방법도 모색할 수 있다.

클라이언트 체계

클라이언트에 대한 상세한 정보를 스토리텔링 방식으로 제시한다. 클라이언트가 사회복지기관에 의뢰된 과정을 소개하고 클라이언트의 문제상황, 성장과정, 개인체계, 환경체계 등에 대한 다양한 정보가 제공되어 있다. 이를 통해 학생들은 사회복지실천의 주요 이론과 기술에 근거해서 사정하거나 개입계획을 세울 수 있다.

연습과제

사회복지실천 역량을 강화하는 데 도움이 되는 훈련과제들이 토론, 역할극, 사정, 모의 사례회의, 실천기술 적용 순으로 제공되었다. 학생들이 사례 내용을 충분히 이해한 후 각 과제를 수행한다면 실제적인 사정 및 사례회의 능력을 개발할 수 있다. 특히 토론 주제는 사례를 작성한 사회복지사가 학생들과 나누고 싶은 현실적인 고민거리를 제시한 것이다. 이 내용을 통해 학생들은 사회복지사의 관점에서 사례를 검토할 수 있게 된다.

3장 사회복지실천의 기초 용어

전공 용어를 아는 만큼 전문적인 의사소통이 가능해진다. 3장에서는 사정 및 사례회의에 도움이 되는 기초 용어를 주제별로 제시하였다.

토론

사회복지사가 제시한 토론 주제를 읽고 학생들은 클라이언트에 대한 자신의 관점과 생각을 동료들과 나눌 수 있다.

역할극

각 사례를 읽고 학생들은 역할극을 수행할 수 있다. 학생 2명이 사회복지사와 클라이언트 역할을 맡는다. 역할을 맡은 학생들은 다양한 상황(초기 면접, 사정 단계, 개입 단계)에서 이루어지는 가상의 면접과정을 다른 학생들 앞에서 역할극으로 보여 준다. 성공적인 역할극을 위해서는 면접 대사가 모두 작성된 상담기록지를 만들어서 학생들에게 배포한 후 역할극을 실시해야 한다.

사정

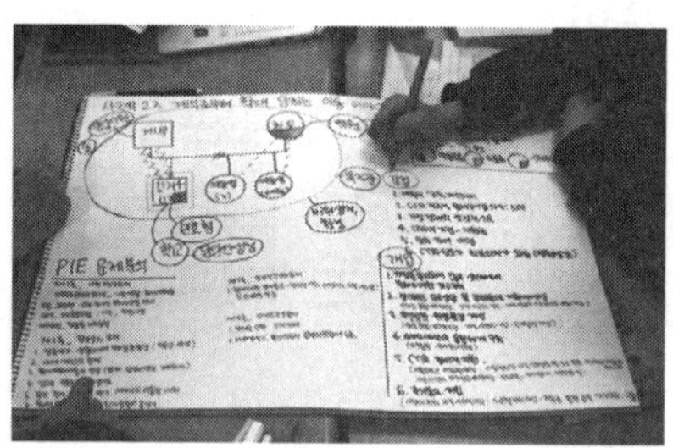

사례를 읽고 학생들은 팀을 이루거나 2인 1조가 되어 함께 사정을 할 수 있다. 함께 둘러앉아서 커다란 스케치북을 가운데에 놓고 사정한 내

용을 다양한 필기도구(볼펜, 사인펜, 색연필, 포스트잇 등)로 작성한다. 먼저, 종이의 한가운데에 생태도를 그린다. 생태도를 그린 후 여백에는 클라이언트에 대해 분석한 내용을 메모하고 토론한다. 2명이 작업할 때는 A4 용지를 활용해서 생태도를 그리고 분석 내용을 작성해도 좋다.

모의 사례회의

사례별로 모의 사례회의를 실시한다. 학생 1명이 담당 사회복지사 역할을 맡는다. 담당 사회복지사는 사전에 사례를 읽고 클라이언트를 사정한다. 그리고 파워포인트나 유인물로 사정보고서를 간략히 작성한 후, 이를 가지고 클라이언트에 대해 자신이 사정한 내용과 개입계획을 발표한다. 나머지 학생들은 모두 그 기관의 동료 사회복지사 역할을 맡아서 담당 사회복지사의 발표 내용을 듣고 함께 질문하고 토론한다.

실천기술 적용

사례를 읽고 어떤 실천기법, 실천기술, 실천모델을 적용할 것인지 탐색하고 개입계획을 수립한다. 예를 들어, 인지행동이론이나 과제중심모델을 활용한 개입계획을 세울 수 있고, 역할극의 형식으로 다양한 의사소통 기술(적극적인 경청, 공감 등)이 활용되는 예시를 직접 시연할 수도 있다.

차례

1장

클라이언트를 보는 관점

1. 사회복지실천의 관점

사회복지실천(social work practice)이란 무엇일까? 사회복지학을 처음 공부하는 학생들이 가지고 있는 흔한 오해 중 하나는 사회복지실천과 상담을 구분하지 못하는 것이다. 학생들은 클라이언트에 대한 개입계획을 세울 때 상담이나 심리치료를 첫 번째 해결책으로 제시한다. 그러나 사회복지사는 상담가가 아니다. 상담은 사회복지사가 할 수 있는 다양한 원조방법 중 한 가지일 뿐이다. 사회복지실천이 무엇인지 명확하게 이해하기 위해서는 사회복지사가 어떤 관점을 가지고 클라이언트를 바라보고 있는가를 먼저 확인해야 한다.

실천현장에서 사회복지사와 함께 일하는 교육, 심리, 보건의료 전문직 등의 인접 분야 종사자들은 대체로 인간의 어느 한 영역에 주목한다. 예를 들어, 교사는 **학업수행** 영역에 주로 관심을 갖고, 상담가는 내담자의 **인지정서**에 초점을 두며, 보건의료 분야의 종사자는 환자의 **신체**에 초점을 두고 일한다. 그러나 사회복지사는 이들 직종과 차별화된 독특한 관점을 가지고 있다. 사회복지사는 인간을 바라볼 때 **환경 속의 인간**(person in environment: PIE)의 입장에서 인간과 환경이라는 두 영역을 동시에 주목한다. 사회복지사는 인간행동과 사회환경을 통합적으로 이해하는 전문직이다.

이제부터 제시하는 사회복지사에 대한 몇 가지 선언적인 정의들을 살펴본다면 이러한 특징을 잘 이해할 수 있다. 먼저 한국사회복지사협회의 정의를 소개한다.

> 사회복지사는 인본주의 · 평등주의 사상에 기초하여, 모든 인간의 존엄성과 가치를 존중하고 천부의 자유권과 생존권의 보장 활동에 헌신한다. 특히 ① **사회적 · 경제적 약자들의 편에 서서 사회정의와 평등 · 자유와 민주주의 가치를 실현**하는 데 앞장선다. 또한 ② **도움을 필요로 하는 사람들의 사회적 지위와 기능을 향상**시키기 위해 저들과 함께 일하며, ③ **사회제도 개선과 관련된 제반 활동에 주도적으로 참여**한다(한국사회복지사협회, 2017).

앞의 정의를 보면 ① 사회복지사는 사회적 · 경제적 약자를 중요한 클라이언트로 인식하고 있음을 알 수 있고, ② 클라이언트의 사회적 지위와 기능을 향상시키는 것을 실천의 목표로 삼는다. 그리고 ③ 사회제도를 개선하는 것과 같은 거시적인 변화에 참여한다. 이러한 정의를 보면 사회복지사는 결코 상담가와 동일시 될 수 없다. 다음으로 사회복지사에 대한 미국사회복지협회의 정의도 소개한다.

> 사회복지사의 주요한 임무는 인간의 복지를 강화하고 모든 사람들의 기본적인 욕구를 충족시키며, ① **특히 취약하고, 억압받고, 빈곤한 사람들**에게 관심을 둔다. 사회복지 전문직에 대한 역사적으로 정의되어 온 특징은 바로 ② **사회맥락 속의 개인적 안녕**(individual well-being in a social context)**과 사회적 안녕**(the well-being of society) 모두에 초점을 두는 것이다. 사회복지실천의 근본은 삶의 문제를 발생시키는 ③ **환경적인 힘**(the environmental forces)에 관심을 두는 것이다(미국사회복지사협회, 2017).

앞의 설명을 보면 사회복지사는 ① 심리적, 신체적으로 취약하고 사회적으로 억압받고 경제적으로 빈곤한 사람들에게 우선적으로 개입하고, ② 개인과 사회환경 모두에 초점을 두며, ③ 사회복지사의 눈은 언제나 인간에게 영향을 미치는 환경적인 힘을 주목해야 한다. 즉, 사회복지사는 인간의 삶에 영향을 미치는 환경체계의 역할에 큰 관심을 가지고 있다. 끝으로 사회복지실천에 대한 국제 사회복지사연맹의 정의도 제시한다.

> 사회복지실천(social work practice)은 ① **사회 변화와 발전, 사회적 응집력, 사람들의 권한부여와 해방을 추구**하는 전문직과 학문이다. 사회복지실천의 핵심은 ② **사회정의, 인권, 집단적 책임성, 다양성 존중의 원칙**이다(국제사회복지사연맹, 2017).

여기서는 사회복지실천이 ① 사회체계를 변화시키는 데 초점을 두고, ② 사회의 공동 가치를 추구하는 활동임을 알 수 있다.

요약하면 사회복지사는 클라이언트를 바라볼 때 클라이언트의 개인체계뿐만 아니라 환경체계에도 깊은 관심을 가지고 있으므로 두 가지 영역 모두를 사정해야 한다.

1) 개인체계

사회복지사는 일반체계이론에 근거해서 인간을 전인적인(holistic) 존재로 간주한다. 인간은 신체, 인지, 사회, 영성, 정서의 다차원적인 하위 체계로 구성되어 있으나 어느 한 영역만으로는 인간을 이해할 수 없기 때문에 항상 전체로서 인간을 이해해야 한다. 만약 사회복지사가 클라이언트를 감정이나 지능의 영역에 초점을 두고 이해하려 한다면 사회복지의 영역보다는 오히려 심리학의 영역으로 치우칠 수 있다(엄명용, 김성천, 오혜경, 윤혜미, 2016). 그러나 현실적으로 인간의 전 영역을 모두 충실하게 분석하는 것은 어려운 일이므로 사회복지사는 클라이언트의 개인체계를 이해할 때 ① 각 영역에서 건강한 **발달**(development)이 제대로 이루어지고 있는지를 사정하거나, ② 각 영역에서 클라이언트의 **욕구**(need)가 충족된 삶을 살고 있는지를 파악해야 한다. 건강한 발달과 욕구충족은 바람직한 **사회적 기능**(social functioning)의 기본 조건이 된다. 예를 들어, 부모의 학대를 통해 학습된 무기력을 갖게 된 아동은 인지적으로나 정서적으로 건강한 발달을 이룰 수 없어 학교에서 학업성취에 실패하고 학생으로서 바람직한 역할 수행을 할 수 없게 된다. 혹은 학업성취에 대한 욕구를 가지고 있는 아동이 경제적 어려움으로 인해 학습정보나 학습도구 등과 같이 학습에 필요한 지원을 받을 수 없게 된다면 학생으로서 건강한 사회적 역할을 수행할 수 없게 된다.

또한 사회복지사는 클라이언트의 개인 체계를 분석할 때 **강점관점**(strength perspective)을 적극적으로 활용해야 한다. 강점관점에 근거해서 사회복지사는 문제를 해결할 힘과 자신이 원하는 삶을 실현할 수 있는 강점(힘)이 클라이언트의 체계 내에 있음을 신뢰하고 이 힘을 활용해야 한다. 학대를 통해 학업에 실패한 아동 안에도 역경을 극복하고 더 높은 성취를 이루어 낼 수 있는 신체적 · 인

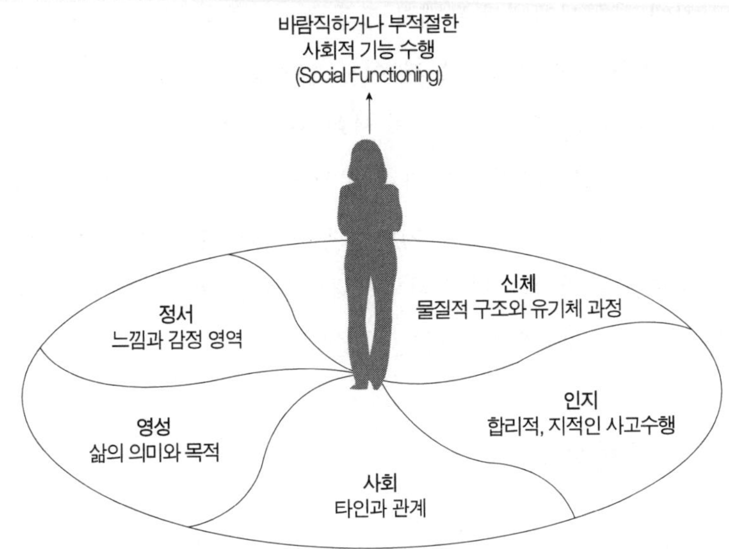

그림 1-1 개인체계의 하위 영역

출처: Brill & Levine(2002)에서 수정.

지적 · 사회적 · 영적 · 정서적 탄력성(resilience)[1]이 있으므로 문제해결 과정 중에 클라이언트의 적극적인 참여를 통해 이 힘이 발휘될 수 있는 기회를 제공해야 한다.

이러한 개인의 하위체계들은 결국 사회적 기능을 어떻게 수행하는가를 결정하는 중요한 원인이 된다. 각 하위체계에서 얼마나 건강한 발달이 이루어지는지 혹은 욕구가 충족되는지에 따라 인간은 바람직한 사회적 기능을 수행하거나 부적절한 사회적 기능을 수행하기도 한다. 더 나아가 개인체계가 전체적으로 안녕(well-being)할 때 바람직한 사회적 기능을 수행한다. 예를 들어, 신체체계는

1) 적응유연성 혹은 회복력이라고도 한다.

건강하나 사회체계에서 문제가 있을 경우, 클라이언트는 대인관계에서 어려움을 겪어 사람들과 어울리지 못하고 혼자서 소외되어 살 수 있다. 반대로 높은 수준의 사회성을 가졌다 하더라도 신체에 장애가 있어 지역사회에 나가지 못하게 되면 마찬가지로 고립된 삶을 살 수 있다. 주의 깊게 이해할 점은 이러한 사회적 기능은 개인체계로만 결정되는 것이 아니라 그 개인을 둘러싸고 있는 환경체계로부터도 영향을 받는다는 사실이다.

2) 환경체계

사회복지사는 클라이언트의 환경에도 큰 관심을 갖는다. 사회복지사는 생태체계적 관점을 가지고 환경을 미시체계, 중간체계, 거시체계로 구분해서 이해한다.[2)] 미시체계(micro system)란 주로 가족, 친구, 이웃, 직장동료, 학교교사와 같이 직접적으로 클라이언트와 상호작용하는 체계이다. 미시체계는 오직 특정 개인만 독특하게 경험하는 것으로서, 특히 자아 개념(self concept)[3)] 형성에 지대한 영향을 미친다. 예를 들어, 홍길동이라는 장애아동이 심청이라는 교사와 대화하는 경험은 홍길동만이 미시체계인 심청이를 통해 얻는 경험이다. 중간체계(mezzo system)는 미시체계의 특징을 결정짓는 체계로서 주로 지역사회 내의 학교, 복지기관, 병

2) 참고로 이러한 구분은 실제적인 구분이 아니라 개념적 차원의 구분일 뿐이다.
3) 자아 개념은 종종 자아정체성(self-identity), 자아존중감(self-esteem), 자아효능감(self-efficacy), 자아수용(self-acceptance), 신체이미지(body image) 등과 같이 다양한 용어로도 표현된다(Sheafor & Horejsi, 2012).

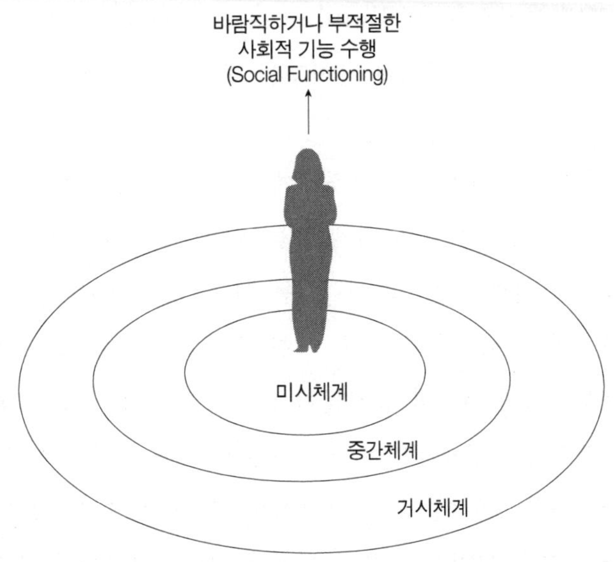

그림 1-2 세 가지 수준의 환경체계

원, 정부기관, 회사 등의 조직차원에서 갖고 있는 제도, 규정, 조직문화, 분위기를 의미한다. 예를 들어, 교사 심청이가 일하는 학교가 장애인에 대한 차별적 규칙이나 분위기를 가지고 있다면 교사 심청이도 장애아동인 홍길동에게 부정적 영향을 미칠 것이다. 그리고 다른 장애아동에게도 부정적 영향을 미칠 것이다. 거시체계(macro system)는 일반 사회의 광범위한 차원으로 구성되며 사회문화, 언어, 인식, 규범, 정치구조, 경제구조 등을 의미한다. 예를 들어, 교육정책이 장애인의 통합교육을 추구하면 이것은 학교의 규정과 분위기에도 영향을 미친다. 한편 거시환경은 특정 집단의 사회적 이미지를 결정하는 요인이 된다. 예를 들어, 빈곤아동, 장애인, 성적소수자, 다문화가족 등은 개인의 독특성과 상관없이 거시체계로부터 특정한 사회적 이미지(social image)를 부여받는다. 만약 이러한 사회적 이미지가 부정적인 경우, 그것을 낙인(stigma)이라 한다.

개인체계와 마찬가지로 환경체계 역시 인간의 사회적 기능 수행에 영향을 미친다. 생태체계가 클라이언트를 수용하고 지지하는 영향을 발휘한다면 클라이언트는 사회적으로 바람직한 기능을 수행하는 데 큰 도움을 얻는다. 예를 들어, 조현증을 갖고 있는 정신장애인을 위해 가족과 친척들이 불편이 겪더라도 그(녀)를 정서적으로 지지하고 경제적인 비용도 지출하는 등 긍정적인 미시체계와 중간체계를 만들어 주고, 사회적으로도 정신장애인에 대해 편견 없는 사회적 이미지를 가지고 있어 정신장애인에게 따뜻한 거시체계가 제공된다면 그 사람은 주어진 발달과업을 성공적으로 이루고 삶에 대한 만족도 높이게 되어 바람직한 사회적 기능을 수행할 수 있게 될 것이다. 결국 사회복지사의 중요한 실천 목표는 바로 클라이언트의 환경을 지지적으로(supportive) 변화시키는 것이다. 가장 이상적인 상태는 미시-중간-거시체계 모두를 지지적으로 만드는 것이다. 실제 역경에 빠진 클라이언트의 환경은 보호요인(protective factor)이 되지 못하고 위기요인(risky factor)으로 작용하는 경우가 많다. 예를 들어, 빈곤아동의 학업수행에 대해 부모가 적절한 경제적인 지원을 하지 못했을 경우 미시체계에 대한 사회복지사의 개입이 필요하고, 어느 초등학교에서 빈곤아동들에게 교육적 차별이 이루어진다면 사회복지사는 학교체계에 대한 변화를 추구하는 활동을 통해 중간체계를 개선해야 한다.

그러므로 사회복지사는 개인체계와 환경체계를 동시에 평가하고 두 영역에서 클라이언트를 역기능(dysfunction)적으로 만드는 요인이 있다면 이것을 변화시키기 위한 개입을 해야 한다.

2. 클라이언트의 사회적 기능

사회복지실천의 방향은 ① 클라이언트가 바람직한 사회적 기능을 수행할 수 있도록 거부적이거나 역기능적인 체계를 파악해서 지지적인 체계로 변화시키는 것이며, ② 이때 클라이언트의 강점을 적극적으로 활용하는 것이다. 이러한 맥락에서 사회복지사는 클라이언트를 충실하게 사정해야 한다. 그렇다면 무엇부터 사정해야 하는가? 가장 중요한 사정의 내용은 클라이언트가 얼마나 사회적 기능을 잘 수행하고 있는가이다.

1) 사회적 기능의 개념

한 인간이 바람직하게 기능(function)[4] 한다는 말은 그(녀)가 자신에게 부여된 역할을 수행할 의지와 능력이 있고 실제로 기대에 부응해서 성공적으로 수행하고 있음을 의미한다. 동시에 그러한 자신의 삶에 만족하고 있어 욕구가 충족된 상태를 의미하기도 한

4) 인간 삶에 대해 기계에 적용되는 '기능'이란 용어를 활용하는 것이 사회복지 철학에 적합하지 않다는 현장 사회복지사들의 비판이 제기되고 있으나, 이 용어는 국내외적으로 학계에서 관용적으로 사용하고 있는 만큼 대체할 수 있는 용어가 나올 때까지 일단 사용하도록 하겠다.

다. 일반적으로 사람은 사회적 삶을 살면서 다양한 역할을 동시에 수행해야 한다. 예를 들어, 어느 성인 남성은 가장 역할, 부모 역할, 직장인 역할, 친구 역할 등의 역할을 동시에 수행하고 있다. 이러한 사회적 기능을 수행하기 위해서 인간은 가족, 친지, 이웃, 동료 등과 같이 주변 사람들과 의미 있는 인간관계를 맺고 자신이 소속된 사회와 국가에서 요구하는 책임(예: 준법, 납세)을 이행해야 한다. 그러나 일부 사람들은 이러한 사회적 기능을 성공적으로 수행하지 못하고 있다. 예를 들어, 어느 20대 발달장애인 청년은 장애를 이유로 대학에 진학하지 못하고, 직업도 갖지 못하며, 이성교제의 기회 역시 박탈당한다. 인간 발달단계에서 20대 시기에서 직업을 갖고 이성과 교제하는 활동은 매우 중요한 발달과업이다. 만약 이 청년이 직업생활과 이성교제에 대한 욕구를 갖고 있다면 이때가 바로 사회복지사가 개입을 해야 하는 상황이다.

2) 다양한 사회적 기능의 영역

사회복지사는 다양한 측면에서 클라이언트가 사회적으로 바람직한 기능을 수행하는지 사정한다. 그렇다면 클라이언트의 사회적 기능을 어떻게 파악해야 할까? 다음은 사회적 기능을 파악할 때 도움이 되는 대표적인 사회적 기능의 영역이다(Sheafor & Horejsi, 2012에서 수정).

| 표 1-1 | 사회적 기능의 영역

영역	내용
독립생활 및 자기보호	성인으로서 독립적인 일상생활과 위험 대응
주거 및 안전	주거환경 및 시설의 안전성과 사생활 보호
영양공급 및 건강보호	건강을 유지하기 위한 영양공급, 운동, 약물 관리
가족생활	가족구성원의 친밀한 관계 및 긍정적인 자녀 양육
교우관계 및 사회적 지원	건강한 사회관계 유지 및 지지자원 활용
영성과 종교	인생과 삶에 대한 가치관, 신념, 윤리, 도덕, 종교생활
지역사회와 상호작용	지역사회에 대한 소속감, 참여, 차별로부터 보호
외모 및 개인위생	질병/감염 예방 및 사회적 수용을 위한 외모 및 위생관리
학교교육 및 훈련	자기성장 및 직업능력 향상을 위한 교육과 훈련 참여
직장생활 및 업무성과	만족하는 직장생활 및 책임감 있는 직무수행
수입 및 재정관리	기본적 욕구충족에 필요한 소득과 효율적 재정관리
시민권 및 법률	시민권과 법률에 대한 이해 및 준법행위
지역사회 자원 활용	의료, 건강, 복지, 고용지원, 학습 등 지역서비스 활용
휴식 및 여가활동	의무와 책임으로부터 여유를 찾는 휴식과 여가활동
일상적인 문제에 대한 대처	삶의 어려움과 역경에 건강한 자기이해와 능력으로 대응
정신건강 문제 및 중독에 대한 대처	정신문제 및 중독에 적절한 치료, 자원, 네트워크로 대응

신체적인 장애에 대한 적응	적절한 재활, 의료, 공학기술 활용 및 응급상황 대응
아동기와 청소년기의 학업수행	적절한 학업성취, 사제관계, 교우관계, 비교과활동
청소년과 가족 간 관계	적절한 청소년활동, 가족활동 참여, 친지관계
청소년 성	성에 대한 적절한 이해 및 이성관계 유지
아동기와 청소년기의 일상적인 문제	일상적 문제에 대한 이해 및 적절한 자기 정서통제

3) 클라이언트 강점에 대한 이해

사회복지사는 클라이언트의 강점을 이해하고 개입과정에 클라이언트를 참여시켜 그(녀)의 강점을 활용해야 한다. 클라이언트의 강점을 이해하는 방법은 ① 어떤 영역에서 사회적 기능이 성공적으로 작동하고 있는지 찾는다. 예를 들어, 극심한 부모갈등 속에 살아가는 청소년이 성공적으로 학업수행을 할 때 우리는 그 청소년에게 강점이 있음을 알 수 있다. ② 무엇이 이러한 성공을 만들어 냈는지 관련 요인들을 찾는다. 이러한 요인은 크게 **개인체계**와 **환경체계** 안에 숨어 있다. 신체적 · 인지적 · 사회적 · 영적 · 정서적 체계에 어떤 강점이 있는가? 예를 들어, 어떤 클라이언트가 밤새 공부를 해도 다음날 피곤하지 않다면 신체적인 강점이 있고, 또 다른 클라이언트는 역경을 경험할 때 친구들과 대화하며 해결한다면 사회적인 강점이 있다. 이러한 개인체계의 강점을 **탄력성**(resilience)이라 부르기도 한다. 환경체계의 강점은 주로 **사회적 자원**(social resource)을 의미하고 생태체계에 숨어 있다. 예를 들어,

개발도상국의 아동보다는 사회복지가 발달한 국가의 아동이 영양 공급 및 건강보호의 측면에서 더욱 우수한 사회적 자원(강점)을 가지고 있다.

한편, 아무리 심각한 역경에 처한 클라이언트라도 강점을 발휘한 경험이 있다. 매일 갈등을 경험하는 가족이라 하더라도 어느 날은 갈등 없이 웃고 지낸 순간이 있기 마련이다. 이러한 순간을 예외(exception)라고 한다. 사회복지사는 **예외질문**(exception question)을 사용해서 클라이언트의 일상에서 강점이 사용된 예외의 순간을 찾아낼 필요가 있다.

3. 클라이언트 사정과 사례회의

1) 사정 절차

사정(assessment)이란 개입계획을 세우기 위해 클라이언트 체계에 관련된 다양한 자료와 정보를 수집해서 문제, 원인, 클라이언트의 강점, 활용 가능한 사회적 자원 등을 평가하는 활동이다. 클라이언트를 사정하는 개념적인 절차는 다음과 같다. 실제적으로는 다음의 순서를 그대로 지킬 수는 없지만 이러한 개념적인 순서를 이해하는 것은 클라이언트를 사정할 때 무엇부터 해야 할지 명확하게 이해할 수 있도록 우리를 돕는다.

우선 클라이언트의 주요 문제를 **사회적 기능**에 초점을 두고 평가해야 한다. 주요 문제란 흔히 클라이언트 본인이나 주변 사람들에 의해 제기되는 클라이언트의 기능상의 어려움이다. 클라이언트와 주변 사람들은 이것을 '문제(problem)'라고 표현하지만 사회복지사는 이것을 '사회적 기능'으로 변환해서 해석한다. 즉, 클라이언트의 사회적 기능 중 어떤 영역에서 어려움이나 제약이 있는지를 찾는다. 두 번째로 어떤 요인들이 이러한 사회적 기능 문제에 영향을 미치고 있는지를 선별해야 한다. 이를 위해 사회복지사는 PIE에 따라 **개인체계**와 **환경체계**를 모두 분석한다. 개인체계를 분석할 때는 클라이언트의 신체, 인지, 사회, 영성, 정서 체계에 관한 자료를

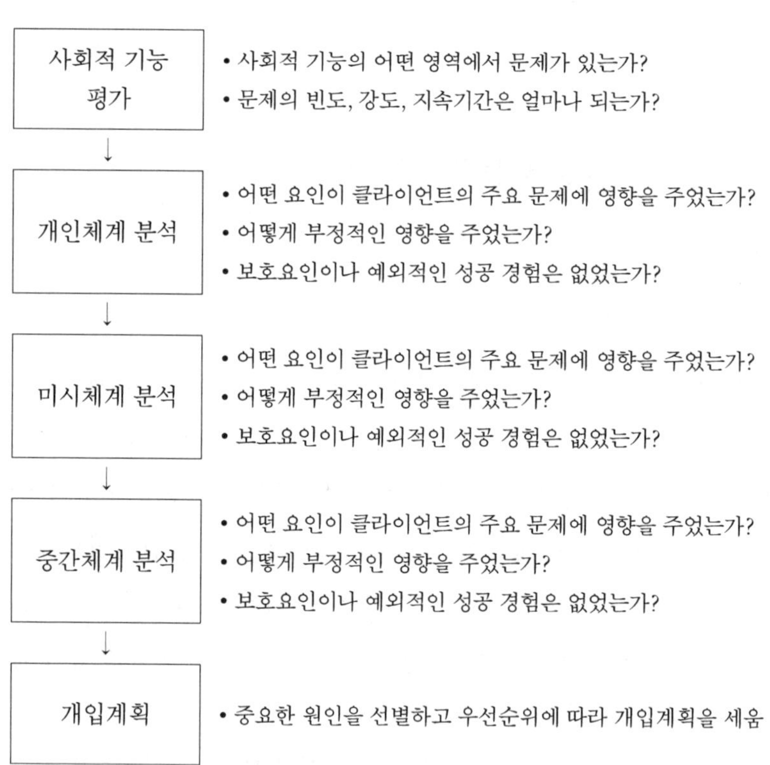

그림 1-3 클라이언트 사정의 개념적 절차

수집한다. 그리고 환경체계를 분석할 때는 생태체계적 관점에서 따라 특히 미시체계와 중간체계를 중심으로[5] 클라이언트에게 어떤 영향을 미치는가를 분석한다. 그리고 끝으로 이러한 분석 내용에 근거해서 개입계획을 세운다.

2) 사정을 위한 방법과 도구

사정을 할 때는 양적 연구방법과 질적 연구방법을 병행한다. 양적인 접근을 할 때는 공인된 표준화된 심리검사, 비표준화된 측정도구(설문지, 체크리스트), LOF(기능수준척도), 건강검진 결과지, 문제 발생 건수 등을 활용해서 수치화된 자료를 수집하면 된다(엄명용, 조성우, 2005). 그리고 질적인 접근을 할 때는 면접을 통해 클라이언트 및 주변 사람들과 나눈 대화를 기록하고 생태도, 가계도, 생활력표, 사회적 관계망표 등을 그리거나 만들 수 있다.

3) 사정보고서 작성

사정이 끝나면 사회복지사는 사정보고서를 작성해야 한다. 사정보고서는 기관의 여건에 따라 매우 충실하게 작성할 수도 있고, 혹은 신속히 간결하게 작성할 수도 있다. 문서로 작성하거나 발표용 슬라이드로 작성할 수도 있다. 사정보고서에는 클라이언트에

5) 일반적으로 복지관과 같이 지역사회에서 활동하는 사회복지사가 변화시킬 수 있는 생태체계 수준은 미시체계와 중간체계이다. 거시체계 변화는 정책이나 제도를 개발하고 실행하는 사회복지 전문가의 영역이다.

관한 다양한 자료, 정보, 해석이 포함되며 그 마지막 내용은 개입 계획을 포함해야 한다. 일반적으로 사정보고서에 포함되어야 하는 내용은 다음과 같다(Sheafor & Horejsi, 2012에서 수정 · 보완).

사정보고서 (Assessment Report)

I. 클라이언트 정보 (Information)

1. 이름 :
2. 생년월일 :
3. 주소 :
4. 직업 :
5. 가족관계 : (이름, 관계, 나이, 직업)
6. 표출된 문제 :

II. 사정 (Assessment)

1. PIE 관점을 활용한 클라이언트 문제분석 (Problem)
   1) 사회적 기능수행 문제
   2) 환경 문제
   3) 정신건강 문제
   4) 신체건강 문제
2. 개인력 (Personal history)
3. 사회기능 및 대인관계 (Social functions)
4. 가족체계 (Family system)
5. 신체기능과 건강 (Physical functions & Health)
6. 인지적 기능 (Cognitive functions)
7. 정서적 기능 (Emotional functions)
8. 종교와 영적 특성 (Religion & Spirituality)
9. 강점과 문제해결 능력 (Strengths & Problem-solving capacity)
10. 경제, 주거, 교통 여건 (Economics/housing/transportation)
11. 지역사회 자원 (Community resources)
12. 사회복지사 소견 (Impression)

Ⅲ. 개입 및 평가 계획 (Intervention & Evaluation)

1. 클라이언트가 확인한 문제들
2. 사회복지사가 확인한 문제들
3. 해결해야 한다고 동의한 과제
4. 서비스 목표
5. 서비스 계획

---

4) 사례회의 실시

클라이언트에 대한 사정이 끝나고 개입계획이 세워졌다고 해서 바로 그대로 개입할 수는 없다. 왜냐하면 담당 사회복지사의 사정 내용과 개입계획에 오류가 있을 수 있기 때문이다. 따라서 사정이 끝나면 전문가들이 함께 모여 클라이언트에 대한 사례회의를 실시한다. 사례회의(case conference)란 사회복지 전문가들이 함께 모여 토론을 통해 클라이언트를 사정하고 효과적인 개입전략을 마련하는 전문적 활동을 의미한다. 사례회의의 형식과 절차, 내용, 장소, 실시시간은 기관마다 다르다. 만약 종합사회복지관이라면 주로 사례관리팀 사회복지사들이 함께 모여 실시하고, 장애인복지관이라면 사회복지사, 직업재활사, 물리치료사, 특수교사 등이 함께 모여 실시한다. 병원이라면 사회복지사, 의사, 간호사가 함께 실시한다. 회의시간도 정해진 것은 없다. 한 명의 클라이언트에게 30분~1시간 정도 할애해서 논의하기도 하고, 때로는 여러 명의 클라이언트를 대상으로 사례회의를 30분 안에 간략히 끝내기도 한다. 참석인원도 2~5명의 소수가 참여하기도 하고 10~20명의 다수가 참여하기도 한다.

그림 1-4 사례회의 모습

사례회의를 진행하는 전형적인 절차는 다음과 같다.

① 담당 사회복지사를 비롯한 여러 전문가들이 함께 모여 사례회의를 개최한다.
② 담당 사회복지사가 클라이언트를 사정한 결과를 자료와 함께 발표한다.
③ 전문가들은 사정 내용에 대해 상호 질문, 비판, 토론한다.
④ 담당 사회복지사는 전문가들의 의견을 수용하거나 방어하고 필요 시 개입계획을 수정한다.

참고문헌

엄명용, 김성천, 오혜경, 윤혜미(2016). 사회복지실천의 이해(4판). 서울: 학지사.

엄명용, 조성우(2005). 사회복지실천과 척도개발. 서울: 학지사.

Brill, Naomi I & Levine, Joanne(2002). *Working with people: the helping process*(7th ed). Boston: Allyn & Bacon.

Sheafor, Bradford W. & Horejsi, Charles R. (2012). *Techniques and guidelines for social work practice*(9th ed). Seoul: Allyn & Bacon.

국제사회복지사연맹(2017). http://ifsw.org/

미국사회복지사협회(2017). http://www.naswdc.org/

한국사회복지사협회(2017). http://www.welfare.net/

2장

클라이언트 사례

사례 1

더러운 아이라고 놀림받는 아동

기관소개

1) **기관명**: 방화2종합사회복지관

2) **역사 및 사업특징**: 방화2종합사회복지관은 1993년에 개관하였다. 현재 서비스제공팀, 사례관리팀, 지역사회조직팀, 행정팀의 총 4개 팀으로 구성되어 있다. 주요 사업을 부서별로 소개하자면 서비스제공팀은 2001년부터 노인기능특화복지관으로 선정되어 어르신 여가문화사업을 운영하고 있다. 이외에 아동 체육 및 교육 프로그램, 무료급식사업(경로식당, 도시락 배달), 장애인 여가프로그램 등이 있다. 사례관리팀은 지역 내 어려운 이웃이 자립적인 삶을 살아갈 수 있도록 강점기반 통합사례관리모형을 기반으로 사례관리를 진행하고 있다. 이외에 가족과 함께하는 멘토링 프로그램, 어르신일자리사업, 자살예방사업을 실시하고 있다. 마지막으로 지역사회조직팀은 2013년부터 지역사회 내 문제를 주민과 함께 해결하기 위해 '마을공동체지향 복지관 변화지원사업'을 실시하였으며, 현재 주민교육 및 조직, 주민발의사업, 주민연합모임 등을 진행하고 있다. 부설 기관으로는 저소득가정 아동을 위한 방과 후 교

실이 있으며, 최근에는 독서 친화적인 환경을 만들고자 기업후원을 통해 작은도서관을 개관하여 운영하고 있다.

지역사회 특징

방화2종합사회복지관은 영구임대아파트 단지 내 위치해 있다. 영구임대아파트 단지는 1993년에 조성되었으며 독거노인, 노인부부, 장애인, 한부모, 조손가정 등 1563세대가 거주하고 있다. 특히 1563세대 중 66%는 기초생활수급(58%) 및 차상위계층세대(8%)이며, 그 외의 거주세대도 생계유지가 목적인 저소득세대이다. 일반세대 취약계층을 포함하면 저소득층 비율은 전체세대의 절반 이상을 차지한다. 영구임대아파트는 저소득세대 밀집화로 인하여 환경적으로는 단지 내 음주 및 도박문화, 노상방뇨, 소음 등의 지역문제를 가지고 있으며, 주변지역으로부터의 낙인, 주민들의 낮은 생활의식으로 인해 아이들이 자라기에 모범이 되지 못한 환경 등의 다양한 문제가 있다. 단지 내의 저소득층 가정들은 일반 가정과 비교할 때 경제적으로 열악한 환경에 놓여 있고, 낮은 소득으로 인해 자녀 양육에 대한 지출도 낮으며 열악한 주거형태와 생활환경에 놓여 있다. 이와 함께 주 양육자는 생계유지를 목적으로 한 근로활동 및 신체·정신적 이유로 자녀에게 적절한 보호와 교육을 제공하지 못하는 경우가 많다.

지역사회 자원으로는 지역상점들(미용실, 미술학원, 공부방, 띠아

모 카페 등), 지역재단/기관(아름다운가게, 타 단지 종합사회복지관, 희망나눔복지재단, 늘푸른장애인복지관, 아동보호전문기관, 위스타트 △△마을)과 교류하고 있으며, 지역에 존재하는 공공기관으로는 구청, 정신건강복지센터, 동주민센터, SH서울도시주택공사 등이 있다.

클라이언트 체계

1) 의뢰 과정

클라이언트 최진석(11세, 남)은 초등학교 4학년으로 지저분한 옷을 입고 다니고 잘 씻지 않아서 몸에서 심한 냄새가 난다는 이유로 학교 내에서 더러운 아이로 낙인이 찍혀 있으며, 반 친구들에게 매일같이 심한 놀림을 당하고 있어 초등학교 학교사회복지사가 복지관에 사례관리를 의뢰하였다. 의뢰 이후 사회복지사는 학교사회복지사와 전화상담을 통해 클라이언트가 가정 내에서 위생관리 및 교재 준비 등의 적절한 양육을 받지 못한 상황임을 파악할 수 있었다. 또한 클라이언트는 복지관 내 위치한 위스타트 △△마을[1]에 오랜 시간 동안 참여하고 있는 아동임을 확인하였고, 위스타트 △△마을 담당자와 상담을 진행하여 과거부터 위생, 왕따, 부모 양육 문제가 있었고, 학년이 올라갈수록 어려움은 계속해서 심각해지고

1) 빈곤 및 소외된 어린이들이 뒤처지지 않고 공동의 출발선에서 미래의 희망으로 자라날 수 있도록 아동-가족-지역사회의 역량을 강화하고 지원해 주는 역할을 하는 기관이다.

있는 상황임을 파악할 수 있었다. 이에, 먼저 클라이언트와 밀접한 관계를 가지고 있는 주변인들을 직접 만나 보면서 클라이언트는 어떤 아이이고, 주변에서는 어떤 아이로 바라보고 있는지, 강점은 무엇이 있는지, 활용 가능한 자원은 무엇이 있는지에 대해 알아보기로 하였다.

2) 클라이언트 정보

처음에 사회복지사는 클라이언트의 어머니를 만나 보아야겠다고 생각하여 전화를 드려 가정방문이 가능한지 여쭤보았다. 클라이언트의 모는 집에서 개를 키우고 있기 때문에 가정방문은 어렵지만 복지관에서의 상담은 가능하다고 이야기하여 다음날 상담을 진행하였다. 사회복지사는 클라이언트의 모와 라포형성이 된 이후에 가정방문을 통해 실제로 클라이언트가 어떤 환경에서 살고 있는지 알아보기로 하였다. 사회복지사가 클라이언트의 모를 만난 첫 느낌은 연세가 굉장히 많아 보였고 신체적으로 많이 왜소해 보였으며, 특히 건강이 매우 좋지 않아 보였다. 클라이언트의 모는 63세이며, 신장장애 4급이라고 하였다. 어린 시절 부모님이 모두 돌아가셔서 외숙모 지인 집에서 식모살이를 하며 자랐으며, 18세에 가출하여 서울에 있는 보육원에서 생활하였다고 하였다. 이후 40대에 클라이언트의 부를 만나서 결혼을 하였으며, 늦은 나이에 클라이언트를 낳았다고 이야기하였다. 현재 건강상태를 여쭤보니 주 3회 혈액투석을 받고 있으며, 투석을 받고 온 날에는 기운이 없어 육아, 가사를 전혀 하지 못하고 있는 상황이라고 하였다. 또한 고혈압과 당뇨가 있어 정기적으로 병원에 내방하여 약을 복용하고 있다고 하였다. 자녀와의 관계는 어떠한지 물어본 바, 자녀에 대한 자랑을 계속 이야기하였다. 클라이언트의 모는 사회복지사와 상담 시 말을 이해하는 데 어려움이 있어 보여 사회복지사는 쉬운 언어로 천천히 상담을 진행하였다. 먼저 클라이언트의 모에게 자녀를 양육하면서 위생교육은 어떻게 하고 있는지 물어보았다. 모는 남편이 회사에서 매일 밤늦게 퇴근하고 있으며, 어렸을 때 클라이언트의 부가 소아마비를 앓아 하반신 마비(지체장애 1급)로 목발 없이는 거동하는 데에 어려움이 있어 목욕탕을 자주 데리고 가지 못한다고 이야기하였다. 또한 본인은 건강이 좋지 않기 때문에 남자 아이를 매일 씻겨줄 수 있는 힘이 없는 상황이라고 하였다. 위생 부분에 대한 어려움 외에 다른 어려움은 없는지 물어보았더니 클라이언트가 아버지를 굉장히 무서워한다고 하였으며, 현재 3인 수급 가정으로 경제적으로 어려움이 있어 아이의 학습적인 부분을 본인과 남편이 잘 챙겨주지 못하고 있음을 이야기하였다.

모와 상담을 마친 후 복지관 내 해맑은 방과 후 교실에서 블록놀이를 하고 있는 클라이언트를 만나 보았다. 사회복지사는 라포형성을 위해 클라이언트가 좋아하는 만화, 게임 등에 대해 이야기를 나눈 후 현재 클라이언트가 어떤 심리적인 상황인지, 학교생활은 어떠한지에 대해 물어보았다. 클라이언트는 과학을 잘하며, 수학은 가장 어려운 과목이지만 공부를 열심히 해서 부모님을 기쁘게 해드리고 싶다고 이야기하였다. 학교생활은 친구들과 관계가 좋지 않으며, 본인에게 냄새가 나서 친구들이 매일 자신을 괴롭힌다고 이야기하였다. 클라이언트는 씻는 것을 좋아하지 않으며, 왜 씻어야 하는지 인지하지 못하고 있었다.

사회복지사는 클라이언트의 일상생활을 파악하기 위해 방과 후 교실 선생님과 학교 담임선생님을 직접 만나서 상담을 진행하였다. 학교 담임선생님은 클라이언트를 지도하는 데 큰 어려움이 있었으며, 상담요청 시 바로 복지관에 내방하여 클라이언트의 학교생활에 대해 이야기를 들을 수 있었다. 클라이언트는 또래 친구들에 비해 위생관념이 심각하게 부족한 상황이라고 하였다. 콧속의 이물질을 먹거나, 엉덩이를 만지고 난 후 친구들을 만지거나, 땅에 떨어진 음식을 주워 먹는 등의 행동을 친구들 앞에서 자주 한다고 하였다. 클라이언트는 언어능력이 좋기 때문에 지속적으로 교육을 통해 나아질 것을 기대하였으나 본인의 욕구를 통제하는 능력이 부족하여 위생문제가 나아지지 않고 더욱 더 심하게 더러운 행동을 하면서 친구들의 관심을 끄는 것을 볼 수 있었다고 이야기하였다. 또한 수업시간에 계속 자리에 앉아있는 것을 힘들어 하여 자주 교실을 돌아다니며, 화장실에 간 이후에는 교실에 잘 들어오지 않는 등의 행동을 많이 하고 있어 큰 고민이라고 하였다. 마지막으로 클라이언트의 가장 큰 문제는 씻지 않아서 몸에서 냄새가 심하게 나기 때문에 전교생에게 더러운 아이로 인식되어 있는 상황이라고 하였다. 이러한 문제로 몇 차례 클라이언트의 부에게 상담을 요청하였으나, 부는 전화를 피하거나 문제를 회피하며 학교 담임선생님의 부적절한 지도로 생긴 문제라고 오히려 화를 내어 현재 학교 내에서도 클라이언트의 문제를 어떻게 해결해야 할지 고민 중인 상황임을 이야기하였다.

다음으로는 방과 후 교실 선생님을 만나보았다. 클라이언트는 친구들에게 왕따를 당하고 있어 심리적으로 많이 위축되어 있는 상황이며, 자존감이 매우 낮다고 하였다. 또한 클라이언트의 모는 지적장애 경계성으로 이해가 부족하며, 부는 엄한 양육 태도를 가지고 있어 아버지에 대한 이야기를 할 때에는 클라이언트가 위축된 모습을 많이 볼 수 있었다고 하였다.

사회복지사는 클라이언트의 모와 라포형성이 된 이후 가정방문을 진행하였다. 가정방문 당시 집 안 내부는 환기를 시키지 않아 매우 심한 악취가 났으며, 수많은 바퀴벌레가 기어 다니는 것을 발견할 수 있었다. 또한 청소를 하지 않아 방에 잔먼지 및 쓰레기들이 많이 쌓여있었다. 클라이언트 방에 들어가 보니 클레이 점토로 만든 자동차, 로봇 등이 진열되어 있었으며, 만화 카드, 장난감을 볼 수 있었다. 사회복지사는 마지막으로 클라이언트의 부와 상담을 진행하기 위해 수차례 통화를 시도하였으며, 어렵게 클라이언트의 부가 복지관에 내방하여 상담을 진행할 수 있었다. 클라이언트의 부(58세)는 개인적으로 지인들과 유통업을 하고 있다고 하였다. 업무로 인해 가정에 신경을 많이 쓰지 못한 부분이 있으나 근본적으로 자녀에 대한 문제는 학교에서 잘 가르치지 못해서 생긴 어려움이라고 이야기하였다. 위생관련 부분에 대해서는 클라이언트가 땀이 많아서 나는 냄새라고 이야기하며 클라이언트에게 문제가 있다는 것을 전혀 인식하지 못하였다. 사회복지사는 현재 클라이언트에 대해 파악한 상황들을 부가 충분히 이해할 수 있도록 자세히 설명하였으며, 현재 클라이언트가 가지고 있는 어려움들을 1년 동안 사회복지사와 같이 해결해 나가기로 이야기하였다.

연습과제

1) 담당 사회복지사가 제안하는 토론

① 클라이언트는 현재 위생문제가 심각한 상황이나 본인 이외에도 가족 내에서 클라이언트의 위생문제에 대해서 인식하지 못하고 있는 상황이다. 학교, 방과 후 교실, 위스타트 △△마을에서 지속적으로 위생문제에 대해서 이야기했음에도 불구하고 오랜 시간동안 나아지지 않고, 더 나아가 또래관계 악화로 인해 심리적 어려움을 가지고 있는 클라이언트를 파악할 수 있었다. 본 기관에서는 클라이언트의 담당 사회복지사로서 가정과 학교 그리고 클라이언트가 이용하고 있는 각 기관에서 클라이언트의 위생문제와 심리적 어려움을 해결할 수 있도록 무엇을 먼저 개입해야 할까? 또한 클라이언트의 강점을 파악하여 현재 문제들을 어떻게 극복할 수 있을까?

② 클라이언트의 부는 자녀에 대한 애정이 있으나 가정 내 가사와 자녀양육에 대한 관심이 현저히 부족한 상황이며, 사회활동에만 집중하고 있음을 파악할 수 있었다. 클라이언트의 모는 건강이 좋지 않아 혈액투석이 필요하고 가사업무와 자녀양육을 하기에 어려움이 있는 것이 현실이다. 그러나 클라이언트는 기본적으로 가정 내에서 변화가 이루어지지 않는다면 장기적으로 현재의 어려움을 해결하기란 쉽지 않다. 가정 내에서 부모에 대한 역할을 최대한 이끌 수 있는 방법은 무엇이며, 기관에서 이를 장기적으로 해결하

기 위해 어떤 역할들을 해 나가야 할까?

2) 역할극

학생 2명이 사회복지사와 클라이언트가 처음으로 만나서 인사하는 장면에 대해 역할극을 실시하시오. 역할극을 본 후 학생들은 소감을 나눈다.

3) 사정

동료와 함께 클라이언트를 사정하시오. 생태도를 그리거나 수업에서 배운 다양한 이론을 활용해서 해석하고 기록한다.

4) 모의 사례회의

담당 사회복지사가 나와서 모의 사례회의를 진행하시오.

5) 실천기술 적용

어떤 실천기법, 실천기술, 실천모델을 활용해서 개입하면 좋을지 제안하거나 실천기술이 활용되는 장면에 대한 역할극을 수행하시오.

사정 노트

사례 2

노숙하다가 발견된 청소년

기관소개

1) **기관명**: 강남구청소년쉼터(단기쉼터)[2)]

2) **역사 및 사업특징**: 강남구청소년쉼터는 자치구로서는 최초로 강남구 조례에 의해 1998년 1월 21일에 개소하고 감리회태화복지재단에서 강남구로부터 위탁받아 운영하고 있는 남자청소년을 위한 복지시설이다. 쉼, 회복 그리고 꿈이라는 슬로건 아래 쉼터에 입소한 청소년들에게 3개월에서 최장 9개월까지 보호를 받으며 가정 및 학교로 복귀하기 위한 기반을 마련하기 위한 다양한 복지 서비스를 제공하고 있다. 우선 안전하고 따뜻한 쉼을 제공하는 놀이터(쉼) 사업을 통하여 청소년들에게 의식주를 제공하며 의료서비스 등의 보호서비스를 제공함으로써 심리적인 안정을 취하도록 하고 있으며, 건강한 회복을 돕는 세움터(회복) 사업을 통해 입소청

2) 쉼터의 종류
- 일시쉼터: 최장 7일간의 보호서비스를 제공하는 기관으로, 청소년보호에 중점을 두고 있다.
- 단기쉼터: 3~9개월간 보호서비스를 제공하며, 사례관리에 중점을 두고 있다.
- 중장기쉼터: 2년간 보호서비스를 제공하며, 청소년 자립에 중점을 두고 있다.

소년들에게 상담서비스를 제공한다. 또한 거리의 위기청소년들에게 찾아가는 상담서비스를 제공함으로써 정서적 회복을 도모하고 있다. 청소년의 행복한 꿈을 빚는 꿈터 사업은 학업 지원, 자격증 취득 지원을 통해 입소청소년들이 자립을 위한 준비를 할 수 있도록 도움을 주고 있다. 마지막으로 배움을 실천하는 동역자로서 다양한 기관들과 교류를 통해 위기청소년들에 대한 정보를 교류함으로써 통합적인 보호망을 만들고 있으며, 사회복지 현장실습 진행을 통해 실제 현장에서의 사회복지서비스를 직접 배울 수 있는 기회도 제공하고 있다.

지역사회 특징

강남구는 서울시 전체 면적의 6.53%를 차지하고 있는 자치구로서 무역 · 금융과 벤처 · 첨단산업의 요새이자 패션 · 예술 · 영상 등 다양한 사업들이 한곳에 어우러져 있다. 또한 대단위 아파트단지, 빌라 등의 공공주택의 비율이 높으며, 대형 백화점과 문화시설 등 생활하기에 편리한 자치구이다. 그러나 쉼터에 입소하는 청소년들의 경우 강남구 내 청소년은 전체 입소청소년의 1% 정도로 매우 적은 편이며, 대다수의 청소년들은 강남구 내 편리한 교통편을 이용하여 서울로 유입되는 청소년들이다. 특히 강남구 내 다양한 문화시설을 이용하기 위하여 서울로 올라온 뒤 다양한 문제로 인하여 가정으로 복귀하지 못하는 경우 경찰에 의해 쉼터로 연계되는 경우가 대다수이다.

클라이언트 체계

1) 의뢰 과정

클라이언트 김재훈(18세, 남)이 쉼터에 입소하게 된 계기는 형들과의 문제로 인한 가출 후 노숙을 하다 사회복지사의 아웃리치 활동을 통하여 일시쉼터에 입소하게 되면서이다. 일시쉼터는 청소년들에게 일시적인 보호서비스를 제공하는 데 목적을 두고 설립된 시설로 최장 7일 동안 청소년을 보호하며 가정으로 복귀시키기 위한 상담을 진행하게 되며, 가정으로 복귀하지 않고 보호기간이 만료된 경우 클라이언트에게 적절한 단기쉼터를 연계함으로서 지속적인 보호서비스를 받을 수 있도록 하는 역할을 수행하고 있다. 재훈이 역시 일시쉼터에서 가정으로 복귀할 것을 권유하였으나, 가정 내 형들과의 마찰과 자립을 하고 싶은 의지를 표현하며 가정으로 복귀하는 것을 거부하여 단기적인 보호의 필요성이 필요하다고 판단하여 강남구청소년쉼터에 연계하게 되었다.

2) 클라이언트 정보

김재훈은 입소 상담 진행시 불안한 모습으로 상담실을 두리번거리는 모습이 관찰되었으며, 담당 사회복지사의 물음에 단답형으로 답하거나 한참 생각한 뒤 대답을 회피하는 모습을 보였다. 재훈이는 개인위생(의복 세탁, 세면, 이발)이 전혀 이뤄지지 않아 계절에 맞지 않는 옷차림에 심한 악취가 났으며, 코에는 피지가 가득한 모습이었다. 초기상담 종료 후 세면을 하도록 하였으나 비누를 사용하지 않고 물만 이용하여 세면하는 모습을 보여, 비누를 사용할 것을 권유하였으나 사용해 본 적이 없다며 거부하는 모습을 보였다.

재훈이는 4형제 중 막내로 태어나 형들과 20살 이상 나이 차이가 나고, 재훈이가 태어난 후 아버지는 연락이 두절되어 현재까지 연락이 되지 않는 상황이라고 한다. 어머니는 아버지가 연락이 두절된 후 4형제의 양육과 학비를 충당하기 위해 일용직으로 근무를 하시며 양육을 이어 나가셨다. 재훈이가 초등학교에 입학하는 시기에 큰형에게 폭력적인 성향이 나타나, 형제를 괴롭히는 것에서 그치지 않고 보호자인 어머니까지 괴롭히는 행동이 나타났다. 어머니는 자녀를 차마 신고할 수 없어 묵묵히 버텨왔으나, 그 강도가 심해져 버티지 못하고 따로 집을 구해 큰형과 분리되어 생활하고 있다. 2016년 11월, 어머니는 뇌경색으로 인하여 반신마비가 되어 가정형편이 급속도로 기울었으며, 어머니의 병간호를 위해 셋째형이 직장을 퇴직하면서 가정형편이 더욱 어려워지게 되었다. 이 시기에 재훈이는 다니던 학교가 자신의 수준에 맞지 않는다는 이유로 자퇴를 하였으며, 자퇴 후 집에서 빈둥거리며 노는 시간이 많아져 셋째형은 재훈이에게 어머니의 병간호를 할 것을 부탁하였다. 그러나 재훈이는 "귀찮다. 내가 왜 엄마 병간호를 해야 하냐?!"라고 이야기하며 어머니 간호를 거부하였고, 이로 인해 재훈이와 형이 다투게 되어 이를 계기로 가출을 하게 되었다.

재훈이는 쉼터에 입소한 뒤 다른 청소년들과는 다른 성향을 보였다. 우선 함께 생활하는 청소년들과 이야기를 하지 않으려는 행동을 보였으며, 자신만의 공간을 침범당하는 것에 극도로 예민하게 반응하는 모습을 보였다. 또한 외부 활동 시 함께 어울리지 못하고 제일 뒷줄에서 혼자 걸어오거나, 활동에 참여하지 않으려는 모습을 보였다. 이에 담당 사회복지사는 재훈이와 상담을 실시하였다. 재훈이는 지금 당장 친구는 필요 없는 존재이며, 자신의 꿈을 위해 공부에 방해되는 모든 것들이 자신에게는 무의미한 것이라는 반응을 보였다. 어머니에 의하면 재훈이는 초등학교 시절에는 친구와의 관계도 좋았으며, 주변 어른들에게도 예의바른 아이라는 이야기를 들을 정도로 사회성이 좋았다고 한다. 그러나 사춘기를 겪으면서 갑자기 말수가 줄었고, 그 시기부터 친구들과의 관계도 좋지 않았던 것으로 기억한다고 하였다. 당시 어머니는 가정형편상 재훈이에게 많은 신경을 쓰지 못하였고 재훈이는 지금의 상태가 되었다고 한다.

재훈이 담임교사와의 전화상담을 통해 재훈이가 학교를 자퇴하기 전 학교에서 친구들과의 관계가 원활하지 못하였으며, 학업성적도 좋지 못하였던 것을 전해 들었다. 학교를 자퇴한다고 하였을 때 담임교사가 만류하였으나, 재훈이의 고집이 워낙 완강하여 보호자의 동의하에 자퇴 처리가 된 것이라 하였다. 또한 재훈이는 기초적인 생활능력이 매우 결여된 상태로, 스스로 세면을 하거나 목욕을 하는 것 등에 매우 서툴렀으며, 용변 후 뒷처리를 하는 데도 어려움이 있었다.

사회복지사는 재훈이의 쉼터 생활 모습과 보호자, 학교교사와의 상담을 통해, 재훈이에게 종합심리검사가 필요할 것으로 판단하였다. 이에 보호자의 동의를 얻어 지역 내 강남구정신건강증진센터에 연계하여 전문 상담서비스를 제공하였으며, 대학병원 청소년신경정신과에서 종합심리검사를 진행하였다. 검사 과정 중 각 문항에 답하는 시간이 지체되어 당일에 검사를 마무리하지 못하고 익일까지 검사를 진행하여 검사 결과를 받을 수 있었다. 검사 결과, 조현병을 의심할 수 있다는 결과가 나왔으며 담당 임상심리사에 의하면 검사시 자기 방어적인 태도가 심하여 검사 결과에 대한 신뢰성이 보장되지 않는다고 하였다. 현재 재훈이는 쉼터와 연계된 신경정신과에서 상담을 받고 있다. 약물치료가 필요하나, 자신의 미래에 부정적인 영향을 미칠 것이라 생각하는 재훈이의 거부로 인하여 진행되지 않고 있다.

연습과제

1) 담당 사회복지사가 제안하는 토론

① 현재 클라이언트는 쉼터에서 생활하며 다양한 문제점들이 나타나고 있으나 자신에게는 전혀 문제가 없다고 생각을 하며, 검사에 대한 거부, 약물치료에 대한 거부가 나타나고 있다. 어떤 방향으로 개입을 해야 할까?

② 쉼터는 다양한 청소년들이 모여 생활하는 공간으로 클라이언트의 행동이 쉼터의 전체적인 분위기를 저해하고 있는 상황이다. 이때 클라이언트의 특수성을 고려하여 계속 보호를 해야 하는지에 대한 고민이 필요하다.

2) 역할극

학생 2명이 사회복지사와 클라이언트가 처음으로 만나서 인사하는 장면에 대해 역할극을 실시하시오. 역할극을 본 후 학생들은 소감을 나눈다.

3) 사정

동료와 함께 클라이언트를 사정하시오. 생태도를 그리거나 수업에서 배운 다양한 이론을 활용해서 해석하고 기록한다.

4) 모의 사례회의

담당 사회복지사가 나와서 모의 사례회의를 진행하시오.

5) 실천기술 적용

어떤 실천기법, 실천기술, 실천모델을 활용해서 개입하면 좋을지 제안하거나 실천기술이 활용되는 장면에 대한 역할극을 수행하시오.

사정 노트

사례 3

친구들을 괴롭히는 아동

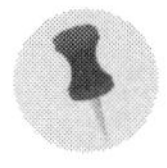

기관소개

1) **기관명**: 우리동네지역아동센터

2) **역사 및 주요사업 특징**: 우리동네지역아동센터는 2006년 공동육아 어린이집 졸업가구들이 모여 시작하게 되었다. 부모들은 아이들이 방과 후 시간에 여러 학원을 돌아다니는 교육은 원치 않았다. 처음에는 부모 중 한 명이 교사가 되어 아이들을 돌보았다. 이후 마을에서 돌봄이 필요한 아이들이 늘어나고, 함께하는 가구가 많아지면서 현재의 지역아동센터 모습을 갖추었다.

이 기관은 '한 아이를 기르기 위해서는 온 마을이 필요하다.'는 신념으로 초등학교 아이들이 건강하게 자랄 수 있도록 돌봄과 프로그램을 제공하고 있다. 건강한 신체를 위한 올바른 먹거리와 충분한 신체활동 프로그램이 중심에 있다. 더불어 미술, 연극, 음악 등 다양한 문화예술교육을 통해 정서적 안정을 유지할 수 있도록 한다. 자립심을 기르기 위해 함께 사용하는 공간의 청소, 책 정리, 설거지를 스스로 한다. 매주 어린이 회의에서는 누구나 센터 생활 규칙을 결정하고, 안건을 제안할 수 있다. 또한 연 2회 여행을 기획하여 떠난다. 장소, 기간, 일정, 식단 등 모든 것을 아이들이 직접 준비하고 진행한다. 마지막으로 지역사회조직을 위해 마을축제, 다양한 동아리 활동, 어린이날 운동회 등 어른과 아이가 함께 행복할 수 있는 프로그램들의 주체역할을 하고 있다.

지역사회 특징

우리동네지역아동센터가 위치한 지역은 아파트가 없는 마을이다. 걸어서 갈 수 있는 거리에 산과 여러 개의 공원이 이어져 있어 자연친화적인 환경이 조성되어 있다. 지역 주민들의 구성은 10년, 20년 이상 살고 있는 토박이들이 많다. 또한 최근에는 ○○시 내에서 비교적 집값이 저렴해서 신혼부부의 유입이 늘고 있다. 주민들 간의 소득 및 자산수준에 큰 편차는 없다. 지역의 초등학교와 중학교는 각 한 개씩 있으며 학생 수의 밀도가 높은 편이다.

또한 이 지역은 공동체를 위한 움직임이 활발하다. 시에서 유일하게 한 동에 2개의 공동육아어린이집이 있으며, 주민모임, 직능단체들이 존재한다. 현재는 각 단체들 간의 네트워크는 거의 없다.

지역사회 자원으로는 ○○대학교, 근로복지공단병원, 성호기념관, 시온성교회, 골프장, 청소년 문화의 집 등이 지역사회활동에 관심을 갖고 있다. 그 밖의 지역상점 및 단체들(무지개마트, 파리바게트, 카페 마실, 명저 읽는 작은도서관, 도롱구롱 생태숲 등)과는 협력관계에 있다. 공공기관으로는 동주민센터와 주민자치위원회와 교류한다.

클라이언트 체계

1) 의뢰 과정

클라이언트 유창현(12세, 남)을 처음 만난 것은 센터 앞 놀이터에서였다. 센터 아이들이 자유놀이 시간에 놀이터에서 피구를 하고 있을 때 함께 하는 모습을 보았다. 같은 학년 아이들뿐 아니라 다른 학년의 아이들도 클라이언트와 잘 아는 사이였다. 이후 놀이터에서 클라이언트의 모습이 자주 보였으며, 점차 센터의 한 아동(이하 A로 칭함)과 각별히 친하게 지내는 사이가 되었다. A는 하교 후 클라이언트와 함께 놀고 조금 늦게 등원하겠다는 전화를 한 경우가 있었으며, 학년별 나들이를 갈 때에도 클라이언트와 같이 가도 되겠냐는 제안도 했다. A의 제안으로 몇 번 클라이언트와 활동을 같이 하기도 했다.

A가 클라이언트하고만 점차 밀착된 관계를 형성하게 되어 A의 어머니에게 현재 상황에 대해 알리게 되었다. 어머니도 이미 알고 계셨고, 주말에도 늘 만나서 논다고 하였다. 어머니 또한 두 아동이 주로 라면만 사 먹거나 휴대폰 게임을 하는 등 건강하지 않은 놀이들을 하고 있어서, 클라이언트의 어머니에게 연락을 취해 만나 보았다고 했다.

클라이언트의 어머니 또한 현재 두 아동의 상황을 알고 있었고, 센터 활동을 가끔 함께하고 있는 것도 알게 되어 센터에 대해 많은 것을 물어보았다고 했다. 사회복지사는 A의 어머니를 통해 클라이언트 어머니의 연락처를 받아 연락을 취했다.

첫 통화에서 클라이언트의 어머니는 그동안 여러 번 함께 활동한 것을 알고 있다고 하며, 이에 많은 감사함을 표현하였다. 또한 등원의 의사를 먼저 밝히셔서 센터의 정해진 과정에 따라 입소상담 과정(성장 기록지 작성, 돌봄서비스 신청서 작성, 등본, 의료보험 납입내역서 첨부, 부 · 모 함께 상담)을 설명 드리고, 일정을 잡았다.

2) 클라이언트 정보

클라이언트의 돌봄서비스 신청 결과, 소득수준이 일반가정으로 분류되었으나 센터의 일반가정 아동의 결원이 있어 동생 유민현(10세, 남)과 함께 등원이 결정되었다. 기존의 센터 아이들과 이미 라포형성이 충분히 되어 있어서 낯선 환경에 대한 적응속도는 빨랐다. 담임 사회복지사와도 등원 전에 교류가 있어서인지, 첫 날부터 본인에게 필요한 도움을 거리낌 없이 요청하는 모습도 보였다. 센터의 하루 일과, 일주일의 흐름 등에 잘 적응하며 2개월의 시간을 보냈다. 클라이언트는 센터에서 진행하는 다양한 활동에 적극적으로 참여했으며, 수행능력도 뛰어났다. 어린이 회의에서 5, 6학년의 가을 여행지를 결정하는 시간이 있었다. 아동들의 의견이 제주도와 부산으로 갈렸고, 어느 한 쪽도 굽히지 않는 상황이었다. 도무지 결정을 할 수 없는 상황에서 클라이언트는 양 팀이 서로를 설득해 보자는 의견을 제시했고, 본인이 가려는 여행지의 특장점과 우려점에 대해 설명하였다. 클라이언트는 다른 의견을 가지고 있던 아동들을 설득하여 만장일치로 최종결정을 내릴 수 있었다.

학교 성적도 반에서 1, 2등을 하는 정도의 수준이었다. 성적에 관심이 많고 본인의 성적에 자부심을 느꼈다. 아동들끼리 자유롭게 이야기를 할 때에 다른 아동들의 성적을 묻고 본인의 성적을 자주 이야기했다. 이때 본인보다 성적이 낮다는 이야기를 들으면 "그것도 못하냐." "얼마나 쉬운데." 등의 말을 종종 하여 다른 아동들이 사회복지사에게 기분이 나쁘다는 이야기를 했다. 본인의 능력은 다방면에서 평균보다 높고 습득하는 시간도 빨랐으나, 타인을 비난하는 일이 점점 잦아졌다. 오카리나를 배우는 시간에 옆에 앉은 아동에게 장난을 거는 경우가 많았다. 장난을 많이 쳐서 음악 선생님께서 아동들을 지목하여 혼자 연주해 보라고 할 때에 클라이언트만 틀리지 않고 연주할 수 있었다. 수업이 끝난 후 함께 장난친 아동은 많이 억울해했다. 평소에는 같은 반 아이가 선생님께 혼났던 상황이나 실수를 해서 놀림감이 된 상황을 센터의 아동들에게 재미있는 표정으로 설명하였다. 주로 타인의 성적이나 외모를 지적하는 것을 이야기 주제로 꺼내 놓았다. 점점 클라이언트에 대한 다른 아동들의 불만이 높아져갔다. 피구나 야구, 축구와 같은 체육 활동에서도 또래보다 뛰어났다. 클라이언트는 주로 주장을 맡아 작전을 짰고, 다른 아동들은 따르는 것이 경기의 주된 형태였다. 스포츠 경기 중에도 다른 아동들이 공을 잘 못 던졌거나, 본인이 지시한 대로 하지 않으면 욕설을 하기도 했다. 본인이 아닌 타인의 실수로 경기에서 지게 됐을 경우에는 갑자기 폭발적으로 분노했다. 주변의 물건을 집어던지고 비속어로 소리를 지르며 울음을 터뜨렸다. 이럴 때에는 아무런 말이 들리지 않는 것처럼 보였고, 사회복지사 2명이 양 팔을 잡고 있어야 했다.

또한 지나가다가 마주치는 아동들의 발을 걸거나, 앉아있는데 지그시 손을 밟고 지나가는 등 크게 드러나지 않는 괴롭힘을 자주 했다. 사회복지사에게 다른 아동들의 제보가 하루에 4~5건씩 있었다. 클라이언트와 그런 상황에 대해 이야기하면, 본인이 그런 행동을 했다는 것을 쉽게 인정했다. 이제 그러지 않겠다는 다짐도 스스로 했다. 하지만 그런 행동을 당한 다른 아동의 감정이 어떻겠냐는 질문에는 "난 괜찮다." "잘 모르겠다." 등의 답변을 했다. 클라이언트의 동생 민현이와의 갈등도 잦았다. 서로 소리를 지르고 욕을 하며 싸우는 일이 많았으나, 민현이가 다른 아동과 다툼이 생길 때면 적극적으로 동생편이 되어 상대방 아동과 싸웠다.

일상적으로 반복된 갈등이 지속되어 부모 상담을 진행하였다. 클라이언트의 현재 상황들을 설명하자 모(이명숙, 38세)는 처음 듣는 이야기라며 많이 놀라워했다. 초등학교 교사로서 많은 아이들을 만나고 있는데, 내 아이에게 그런 모습이 있을 거라고는 상상도 하지 못했다고 했다. 집에서 클라이언트와 동생의 다툼은 종종 있었으나, 욕설을 하거나 때리는 행동은 한 번도 보지 못했다고 했다. 맞벌이로 늘 바빴음에도 아이들을 잘 길러야 한다는 생각에 정말 많은 노력을 기울였는데, 클라이언트의 행동들이 이해가 가지 않는다고 했다. 아이들의 학업에도 많이 신경을 썼고 지금도 주말마다 축구, 수영교실에 보내고 있으며 시간이 날 때마다 틈틈이 안정된 정서를 위해 예술체험도 함께 하고 있다고 하였다.

클라이언트의 부(유성민, 40세)는 설계 일에 종사하고 있는데 평소 야근과 잦은 출장으로 육아에는 거의 참여하지 못했다고 한다. 그럼에도 클라이언트의 모는 매일 아침밥도 꼬박꼬박 챙기고 간식도 직접 만들어 줄 만큼 정성을 다 했는데 헛수고가 된 것 같아 많이 절망적이라고 했다. 상담 중에도 부는 한 마디도 하지 않고 사회복지사와 모의 대화를 듣기만 했다.

클라이언트의 분노폭발과 다른 사람의 감정에 전혀 공감하지 못함, 다른 아동들을 괴롭히는 행동 때문에 센터의 모든 직원과 아동들은 매일 극도의 긴장상태를 유지해야 했기에, 사회복지사는 부모와 아동이 함께 행동수정 약속을 작성할 것과 아동심리치료실의 방문을 제안하며 몇몇 치료실을 추천했다. 이에 모는 인상을 쓰며 강하게 거부했다. 집에서도 그렇지 않고 학교 상담에서도 들어본 적이 없는 말인데, 센터의 수용적인 분위기와 다른 아동들의 영향으로 그런 것 같다고 했다. 이 날은 모의 감정상태가 급격히 나빠져서 더 이상 상담을 진행할 수 없었다. 이 후 몇 달간 지속적으로 연락을 취했으나 연락이 되지 않았다. 클라이언트와 관련하여 긴급하게 연락이 필요한 경우 여러 번 전화를 해도 받지 않아서 내용을 문자로 남겨놓으면 통화를 할 수 있었다. 용건에 대해서만 간단히 이야기하고, 상담했던 내용에 대해 언급하면 지금 바쁘다고 하며 급히 전화를 끊었다. 현재 클라이언트의 말과 행동은 지속되고 있으며, 다른 아동들도 여전히 괴로움을 호소하고 있다.

연습과제

1) 담당 사회복지사가 제안하는 토론

사회복지사는 클라이언트를 비롯해 클라이언트의 가정에 개입이 필요하다고 판단하였다. 하지만 미성년자인 클라이언트의 자기 결정권은 실질적으로 부모에게 있는데, 부모가 현재 클라이언트의 상황을 직시하지 않고 있다. 수용하기까지 시간이 필요할 수 있지만 그러는 사이 클라이언트를 제외한 대상자들의 괴로움은 축적되고 있다. 한 명 한 명 도움이 필요하고, 공동생활을 하는 이용시설에서는 어떤 선택을 해야 옳을까?

2) 역할극

사회복지사가 클라이언트를 접수(intake)하기에 앞서 라포를 형성하는 장면에 대해 역할극을 실시하시오. 역할극을 본 후 학생들은 소감을 나눈다.

3) 사정

동료와 함께 클라이언트를 사정하시오. 생태도를 그리거나 수업에서 배운 다양한 이론을 활용해서 해석하고 기록한다.

4) 모의 사례회의

담당 사회복지사가 나와서 모의 사례회의를 진행하시오.

5) 실천기술 적용

어떤 실천기법, 실천기술, 실천모델을 활용해서 개입하면 좋을지 제안하거나 실천기술이 활용되는 장면에 대한 역할극을 수행하시오.

사정 노트

사례 4

추운 겨울에 산속에 혼자 사는 노인

기관소개

1) **기관명**: 안성시청

2) **역사 및 특징**: 경기도 안성시는 안성군에서 1998년 4월 1일에 안성시로 승격되었고, 기초지방자치단체이다. 안성시는 복지정책과에 무한돌봄팀을 운영하고 있으며 무한돌봄 사업은 경기도 특화사업으로 2010년 무한돌봄 설치 후 각종 복지서비스를 원스톱으로 제공, 연계하며 단순한 현금 · 현물지원 이외에 수요자의 다양한 욕구에 맞춤형으로 지원을 하며 이를 위해 통합사례관리사들을 배치하였다. 대표적인 업무는 긴급복지, 무한돌봄, 취약계층응급지원, 자원관리, 사례관리 등이 이루어지고 있다. 현재 약 150여 가구를 대상으로 사례관리를 진행하고 있다.

지역사회 특징

안성시는 15개 읍 · 면 · 동으로 구성되어 있다(1읍, 3동, 11면).

지리적으로는 경기도 최남단에 위치하고 있는 도농 복합형 도시이고 인구는 약 19만 정도이다. 대표적인 문화유산으로 안성남사당과 유기, 특산물로 쌀, 배, 포도, 한우, 인삼 등이 있다. 전체 인구에서 저소득 가구 비중이 비교적 높으며 노인복지관 1개소, 종합사회복지관 1개소 등 복지시설이 매우 부족한 상태이다. 또한 다른 도시에 비해 국민기초수급, 노인, 장애인 비율이 높다.

클라이언트 체계

1) 의뢰 과정

사회복지사가 찾아가는 무한돌봄 사업을 수행하기 위해 각 마을을 방문하여 상담하던 중 마을 이장으로부터 의뢰되어 박해준(83세, 남) 어르신을 방문상담 하였다. 마을에서 떨어진 외딴집이 있는데 이번 겨울에 얼어 죽을 것 같으니 도와달라는 의뢰였다. 방문 시 마을에서도 한참 떨어진 산 중턱에 올라가게 되었으며, 당시 눈이 온 상황으로 경사진 길을 따라 미끄러지며 올라가니 사람이 살 것 같지 않은 나무판자로 얼기설기 지어진 가건물이 있었다. 문을 열고 들어가니 클라이언트가 한파에도 불구하고 난로에 의존한 채 한 사람이 간신히 누울 만한 공간에 몸을 웅크리고 누워 있었다. 얇은 비닐과 작은 난로는 추위를 이기기에는 역부족으로 보였고, 어르신은 다음에 다시 오라며 초기상담을 거부하였다. 두 번째 상담은 면사무소 복지담당 공무원과 동행하여 이뤄졌다.

두 번째 상담 때 역시 눈이 많이 와서 미끄러지며 방문하였으며, 두 번째 방문 시 더욱더 열악한 환경이 눈에 들어왔다. 지붕 위의 눈은 점점 더 쌓여만 가고 얇은 판자는 휘어져 있어 곧 무너져 내릴 것 같아 보였다. 박해준 어르신은 몸이 아파 일어날 수 없으니 먹을거리로 들고 온 쌀만 두고 가라고 하였다. 쌀을 두고 다음에 다시 오겠노라며 상담을 종료하였다. 세 번째 상담 시에 몸이 아프다고 했던 어르신의 말에 인근 보건진료소를 알아본 결과 어르신이 자주 이용하는 기관으로 확인되어 동행을 요청하였고, 진료를 받을 수 있도록 지원 후 초기상담을 할 수 있었다.

2) 클라이언트 정보

클라이언트는 예전에 사용하던 사료창고에 아주 작은 평상 하나를 두고 살고 있었다. 박해준 어르신은 젊은 시절 건설업을 하면서 아내 한처연(78세)과 딸 박민아(56세), 딸 박선아(55세)와 아들 박민준(50세)과 다복하게 지냈다고 한다. 사업이 번창해서 지점을 내려고 무리하게 부채를 늘리던 시점에 IMF가 터졌으며, 건설사들의 줄도산에 어르신의 업체도 부도가 났다고 한다. 그 당시 두 딸과 아들이 모두 결혼한 상태였으며, 어르신이 부도를 막고자 자녀들에게 무리하게 대출을 받게 해 자녀들도 경제적 어려움을 겪게 되었다. 부모님은 돌아가시고 형이 둘 있지만, 사업이 어려울 때 금전적 도움을 요청했으나 거절당한 뒤 연락을 하지 않았다. 결국 부도를 막지 못하고 사업이 망하면서 혼자서 고향이었던 안성으로 내려왔고, 그 뒤 원가족과 아예 왕래가 끊어졌다고 한다.

산 중턱에 위치한 사슴농장에서 일을 봐주며 숙식을 해결했으며, 비닐하우스 속의 가건물에서 생활하였다고 한다. 그러던 중 2008년에 사슴농장이 문을 닫으며 갈 곳이 없어지자 주인의 배려로 그 가건물에 계속 거주하였으며, 5년 전 비닐하우스가 무너지면서 지금의 사료창고로 거처를 옮겨 생활하고 있었다. 처음 방문했을 때 한기와 좁은 공간이 눈에 보였지만, 가장 심각한 것은 위생환경이었다. 얇은 판자로 되어 있는 창고는 굉장히 비좁고 주방시설과 세면공간도 없었다. 창고 앞의 수도가 어르신이 사용할 수 있는 욕실과 세면을 할 수 있는 역할을 하였으나, 가림막 하나 없었다. 화장실은 얼기설기 얽힌 나무로 무엇인가 하는 공간이라는 것만 알 수 있을 뿐 사생활 보호조차 되지 않는 환경이었다. 작년까지는 거동이 괜찮아서 사료창고 주변에 비닐을 덧대 겨울 찬바람을 막았으나, 올해는 건강상태가 급격히 나빠져서 비닐을 칠 여력도 없었다고 한다.

어르신은 마을에서도 한참 떨어져 산 중턱에 위치한 곳에서 마을 사람들과의 왕래도 거의 없이 혼자 고립되어 살고 있었다. 그나마 마을 이장이 안부를 확인하기 위해 방문하는 것 외에는 교류가 없었다. 클라이언트는 혼자 고립된 생활에 건강마저 악화되고, 환경의 열악함에 본인의 생활을 개선하고자 하는 의지는 없었다. 그저 바람이 들지 않는 따듯한 방에서 누군가와 대화를 하고 싶다는 말만 반복하였다. 또한 폭설이 예정되어 있었던 상황으로 얇은 지붕으로는 그 폭설을 견딜 수 없다고 판단되었고, 건강상태상 정기적으로 눈을 치울 수도 없었다. 인근에 거주하는 주민도 산 밑으로 한참 떨어져 있으며 폭설이 오면 산에 올라올 수 없는 상태로 안전도 문제가 되었다. 건강상태가 좋지 않아 정확한 검진을 해야 하는 상황이었으나 보호자도 없고, 도움을 받을 지인도 없었다. 5년 전만 해도 염소도 키우고 하면서 마을잔치에 나가기도 했지만, 지금은 마을주민, 지인들과도 왕래가 없는 상태였다. 국민기초생활수급비로 생활을 하고 있었으나, 관계가 단절되어 있던 원가족과 단절을 증빙하지 못해 수급비가 차감되어 기초연금만으로 생활하고 있었으며, 사회복지서비스는 받은 이력이 없었다.

연습과제

1) 담당 사회복지사가 제안하는 토론

클라이언트는 마을에서 떨어진 산중턱에 거주하고 있으며 마을사람들과 왕래도 없이 고립이 되어 있고 눈이 계속 오는 상황에서 눈을 치우지 않으면 지붕이 내려앉을 것이 예상되었다. 또한 거동을 하지 못하고 누워 있었고, 몸을 떠는 등 추위에서 생활할 수 있는 환경이 마련되어 있지 않고 섭식조차 불가능한 복합적인 욕구를 갖고 있다. 초기상담에서 어르신이 계속 거부하는 상태로 안전 등 여러 가지 문제의 발생이 예상되고 있었다. 사례관리는 대상자와 합의하에 목표를 정해서 함께 수행해 나가야 하는 과업이 있는데 다른 욕구는 차후에 라포형성을 하면서 진행을 하면 되지만, 당장 안전의 문제가 예상되는 상황에서 대상자의 개입거부가 가장 큰 어려움이었다. 폭설예보 속에 추위와 얇은 판자의 붕괴가 우려되는 상황에서 어르신의 동의 없이 어떻게 진행해 나갈까?

2) 역할극

사회복지사가 클라이언트를 접수(intake)하기에 앞서 라포를 형성하는 장면에 대해 역할극을 실시하시오. 역할극을 본 후 학생들은 소감을 나눈다.

3) 사정

동료와 함께 클라이언트를 사정하시오. 생태도를 그리거나 수업에서 배운 다양한 이론을 활용해서 해석하고 기록한다.

4) 모의 사례회의

담당 사회복지사가 나와서 모의 사례회의를 진행하시오.

5) 실천기술 적용

어떤 실천기법, 실천기술, 실천모델을 활용해서 개입하면 좋을지 제안하거나 실천기술이 활용되는 장면에 대한 역할극을 수행하시오.

사정 노트

사례 5

경제적 고통을 호소하는 독거노인

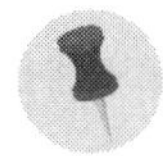

기관소개

1) **기관명**: 서울시립신목종합사회복지관

2) **역사 및 사업특징**: 서울시립신목종합사회복지관은 1997년에 개관하였다. 주요 사업을 부서별로 소개하자면 서비스제공 1팀은 장애인을 대상으로 장애인기능특화사업(장애아동꿈나무 교실, 장애청소년 방과 후 학교, 장애인주간보호시설)을 하고 있다. 서비스제공 2팀은 노인과 아동 및 청소년을 대상으로 다양한 사업을 하고 있다. 노인을 대상으로 하는 사업으로는 크게 무료급식사업(경로식당, 도시락 배달), 노인일자리사업, 독거노인친구만들기사업, 노노케어사업 등이 있으며, 아동 및 청소년을 대상으로 하는 사업으로는 결연학습, 결식아동지원사업, 청소년자아성장지원사업, 나눔교육, 학교서포터즈, 장애인인식개선교육, 미술치료 등을 하고 있다. 사례관리 팀은 사례발굴, 사례개입, 서비스 연계 등을 하고 있다. 마지막으로 지역사회조직화 팀은 지역주민을 대상으로 다양한 교육(기타교실, 신목합창단 등)을 진행하고 있으며 마을만들기 사업, 주민동아리 조직(커피, 컴퓨터, 영어, 캘리그라피), 지역주민축제 등

을 하고 있다. 이 기관은 개관한 이후 장애인복지 분야에 관심을 가지고 일을 하였으며 이후 2000년에 장애인기능특화복지관으로 선정이 되었다. 2009년에는 신목데이케어센터가 개소되어 지역사회에 돌봄이 필요한 어르신들을 전문적으로 케어하고 있다. 또한 다문화 가정에도 관심을 가지고 다문화 가족통합지원사업을 운영하게 되었으며 이러한 계기를 통해 양천외국인센터를 만들어 다문화 가정을 대상으로 다양한 사업을 운영하고 있다.

지역사회 특징

신목종합사회복지관은 빈곤층과 부유층이 살고 있는 곳의 경계에 위치해 있다. 한 쪽은 각종 문화시설 및 고층 아파트들이 즐비하고 이곳에 살고 있는 지역주민들의 소득 및 자산 수준은 매우 높은 편이다. 반대로 다른 한 쪽은 오래된 주택과 임대아파트들이 있는데, 이곳에 살아가고 있는 사람들의 소득 및 자산 수준은 매우 낮다. 실제 인구구성을 살펴보면 부유층이 있는 곳은 독거노인 및 한부모 가정의 수가 낮은 반면 빈곤층이 살고 있는 곳은 독거노인 및 한부모 가정의 수가 매우 높다고 할 수 있다. 이렇듯 두 계층이 한 지역 내에 공존하다 보니 지역 내의 상대적 박탈감과 공동체 의식은 낮을 수밖에 없다. 부유층은 빈곤층을 지역 사회 내에 함께 살아가고 있는 '지역 주민'으로 보지 않고 도움이 필요한 자선 대상으로 보기 때문에 최근에 서울시장이 강조하고 있는 마을 만들기 사업을 위해서는 많은 어려움이 따를 수밖에 없다. 지역사회 자원으로는 몇몇 지역상점들(파리바게트, 제주바당, 선조네 우렁쌈밥집, 커피볶는아저씨 등), 기업체(현대엔지니어링, 조선호텔, 식약청, 아시아나항공, 고려푸드몰)가 후원을 해주고 있고, 지역재단(양천사랑복지재단, 어린이재단, 주거복지연대, 은빛날개후원회)과 교류하고 있으며 지역에 존재하는 공공기관으로는 구청, 동주민센터, 지역사회보장협의체, SH서울도시주택공사, LH한국토지주택공사 등이 있다.

클라이언트 체계

1) 의뢰 과정

클라이언트 이제순(83세, 여, 기초생활수급 대상) 어르신을 처음 만나게 된 계기는 동주민센터에 들어온 의뢰였다. 최근 동주민센터가 찾아가는 동주민센터로 변화됨에 따라 방문복지팀이 생기게 되었는데, 이 방문복지팀에 따르면 홀로 사시는 어떤 독거어르신께서 끼니를 제때 해결하지 못한다는 것이다. 본 담당자는 이를 확인하기 위해서 직접 클라이언트를 만나러 집으로 향하였다. 집에 도착하여 문을 두드렸는데 어르신께서 댁에 계시지 않아 다시 복지관으로 발걸음을 돌리기로 하였다. 그러던 중, 한 어르신이 집 문 옆 골목길에서 담배를 피시는 모습을 보았는데, 얼굴이 매우 수척해 보였고 고민에 잠겨있는 모습이었다. 혹시나 해서 이제순 어르신을 알고 계시냐고 하였더니 본인이라고 하셨다. 반갑게 인사를 한 후, 조용한 곳에서 잠깐 같이 이야기를 나눌 수 있냐고 여쭈어 본 후 클라이언트의 집으로 다시 향하였다. 클라이언트의 집에 도착한 후 클라이언트가 살아가고 있는 환경을 주의 깊게 살펴보았다. 오래된 벽지와 주변 곳곳에 먼지 덩어리들이 수북이 쌓여 있었고, 물건들은 주변에 어지럽게 놓여 있었다. 집의 분위기와 달리 어르신은 매우 밝은 모습으로 본 담당자를 지그시 바라보고 있었다. 본 담당자는 어르신께 직접적으로 겪고 있는 문제에 대해 질문을 드리기 전에, 어르신이 살아오신 환경, 현재 상황(가족, 보호유형, 의료보장, 경제상황 등), 어르신이 갖고 계신 자원이 무엇이 있는지 여쭈어 보면서 사정을 하기 위한 준비를 하였다.

2) 클라이언트 정보

클라이언트가 살고 계신 곳은 반지하 공간이었다. 반지하 공간이라서 그런지 매우 어둡고 습기가 가득 차 있었으며 집이 오래되어 이미 벽지에는 곰팡이와 얼룩들이 많이 퍼져 있었다. 주변에는 물건들이 어지럽게 놓여 있었는데 청소를 안 해서 그런지 먼지 덩어리들이 수북이 쌓여 있는 모습을 볼 수 있었다. 결코 쾌적한 주거환경에서 살고 계신 것으로 보이지 않았다. 어르신은 월세를 내고 계신다고 하셨다. 서울은 주택이 오래되고 반지하더라도 월세는 매우 비싸다고 말씀하셨다. 어르신께 월세가 얼마냐고 물었더니 40만 원이라고 하셨다. 방 1개에 좁은 거실 그리고 화장실이 전부인 공간이 월 40만 원이라는 게 믿기지 않았다. 더구나 어르신이 평소에 정리를 안 해서 그런지 집 공간은 더욱 비좁아 보였고 월 40만 원을 주는 것 치고는 결코 주거환경이 좋아 보이지 않았다.

어르신은 월 40만 원을 주고 나면 남는 것이 없다고 말씀을 하셨다. 왜냐하면 어르신은 기초생활수급자인데, 기초생활수급비로 나오는 돈은 대략 50만 원 정도라고 말씀하셨다. 그래서 월세 40만 원을 제외하고 나면 실질적으로 10만 원 정도가 남고 10만 원으로 공과금을 내고 나면 자신에게 돌아오는 돈은 없다고 말씀하셨다. 그리고 기초노령연금으로 약 10만 원이 들어오는데, 이 돈은 병원비와 식사를 해결하기 위해서 대부분 사용한다고 하셨다. 말씀을 하시는 어르신의 표정은 사뭇 진지해 보였고 어르신은 있는 힘을 다해 말하는 것으로 보였다. 마치 마지막 순간을 사시는 것 같았다. 어르신께, 혹시 어르신을 도와주고 있는 가족이나 지역사회 자원이 있냐고 물어보았다. 어르신은 아들(강동호, 56세/우리은행 지점장) 하나가 있는데 자신의 호적에 들어와 있지 않은 아들이 라고 하였다. 무슨 의미인지 이해가 되지 않아 어르신의 말씀을 들어 보았다. 어르신은 오래전에 남편(강의건, 87세/용접공/사망)이 있었다고 하였다. 그런데 남편에게는 원래 본처(김말자, 85세/주부)와 자식(강동구, 사망했을 당시 나이 13세/초등학생)이 있었는데, 어느 날 자식이 죽게 되어 슬픔을 잊기 위해 어르신을 의도적으로 만났다고 하였다. 어르신은 남편에게 본처와 자식이 있는지 몰랐다고 하였다. 그리고 어르신과 남편 사이에도 아들이 태어났는데 그 아들이 강동호라는 것이다. 하지만 그 아들은 남편에게 뺏겨 남편과 본처의 호적에 올라가게 되어 실제는 법적 아들이 아니었던 것이었다. 그러나 어르신은 아들을 키우기 위해 뒤에서 많은 경제적인 도움을 주었다고 하였다. 아들은 현재 은행장이 되어서 돈을 많이 벌고 있음에도 불구하고 자신에게 단돈 10만 원도 주지 않는다고 말씀하셨다. 아들은 어머니에게 항상 "저도 아내한테 돈을 얻어 쓰는 처지인데 어떻게 어머니한테 돈을 줘요?"라고 말한다고 한다. 어르신은 매우 섭섭하다고 말씀하셨다. 비록 법적인 자식을 두고 있지는 않지만 실제 내 아들이라고 생각을 하고 여태 키웠는데 돌아오는 것은 냉담하고 차가운 반응이라는 것이었다. 더구나 자신이 현재 기초생활수급자라는 것을 알면 자신을 도와줄 법도 한데, 자신을 도와주기는커녕 자신의 생일날조차도 찾아오지 않는다고 말씀하셨다. 어르신은 자신을 희생하면서 열심히 자식을 키워 명문대학(K대학교 경제학과)에 보냈고 결국 아들은 사회적인 성공을 누렸지만, 자신에게 돌아온 것은 기초생활수급자라는 처지와 큰 스트레스로 인해 얻은 암이었다고 말씀하셨다. 어르신은 평소에도 담배를 많이 피고 계신데, 이것은 자신의 삶을 잊기 위한 것이라고 말씀하셨다. 어르신은 많이 외롭다고 하시며, 자신도 따뜻한 밥 한 끼를 대접받고 싶다고 하셨다.

연습과제

1) 담당 사회복지사가 제안하는 토론

클라이언트의 경제적인 상황을 봤을 때, 매우 어렵다는 것을 알 수 있다. 비싼 월세와 공과금, 병원비를 제외하고 나면 어르신은 식사 한 끼 제대로 할 수 없는 상황이라는 것을 알 수 있다. 하지만 이러한 표면적인 정보 이외에도 아들과의 관계 문제와 더 나아가

이로 인한 경제적인 어려움이 심화된다는 것을 알 수 있다. 그렇다면 단순히 경제적인 상황을 개선하기 위해서만 노력해야 되는 것일까?

2) 역할극

사회복지사가 접수(intake)를 위해 클라이언트의 기본적인 신상정보를 묻는 장면에 대해 역할극을 실시하시오. 역할극을 본 후 학생들은 소감을 나눈다.

3) 사정

동료와 함께 클라이언트를 사정하시오. 생태도를 그리거나 수업에서 배운 다양한 이론을 활용해서 해석하고 기록한다.

4) 모의 사례회의

담당 사회복지사가 나와서 모의 사례회의를 진행하시오.

5) 실천기술 적용

어떤 실천기법, 실천기술, 실천모델을 활용해서 개입하면 좋을지 제안하거나 실천기술이 활용되는 장면에 대한 역할극을 수행하시오.

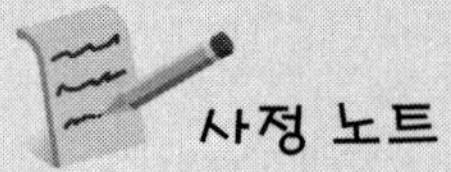
사정 노트

사례 6

지하벙커에서 발견된 노숙인

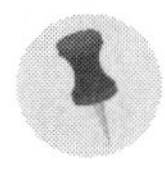

기관소개

1) **기관명**: 서울시립비전트레이닝센터

2) **역사 및 사업특징**: 서울시립비전트레이닝센터(이하 비전트레이닝센터)는 '다시 서는 사람들과 함께 만들어 가는 회복 베이스캠프'라는 슬로건을 기관의 비전으로 삼고 노숙인들에게 사회로의 복귀를 위한 서비스를 제공하는 노숙인 재활시설이다. 비전트레이닝센터의 클라이언트는 알코올중독, 정신장애를 앓고 있는 노숙인들이 생활하고 있는 곳으로서 자신을 포함한 가정, 경제, 심리/사회 문제로 스스로의 삶을 지켜내기 어려웠던 사람들의 재활, 자활을 도모하고, 궁극의 목적은 '탈노숙'으로 알코올/정신장애 노숙인의 재활, 자활프로그램을 통해 삶의 안정 및 회복 역량강화를 할 수 있도록 돕고 있다. 이 밖에도 사례관리, 취업지원, 주거지원 등 전문적인 서비스를 통한 노숙인들의 지역사회 복귀 및 생활유지를 도울 수 있도록 지원하기 위해 기획팀, 행정팀, 주거지원팀으로 세분화하여 더욱 더 질 좋은 서비스를 제공하는 데 노력하고 있다.

지역사회 특징

노숙인은 사업실패 등의 경제문제와 가족 간의 불화로 생겨나는 경우가 대다수이며 비전트레이닝센터의 클라이언트는 이런 특수한 상황에 있는 경우가 많고 지역사회와 네트워킹이 많지 않아 지역적으로 활용 가능한 자원들은 제한되어 있다. 매주 월, 목요일에 촉탁의가 직접 방문하여 클라이언트의 알코올 및 정신건강 진료를 보고 있다. 참고로 본 기관은 서울시립기관으로서 클라이언트는 1, 2차 의료기관(보건소, 시립병원 등)의 외래를 전액 무료로 볼 수 있다.

클라이언트 체계

1) 의뢰 과정

클라이언트 김현태(38세, 남)는 도봉구의 한 지구대에서 의뢰연락을 받아 본 센터로 입소하게 된 케이스이다. 지역주민의 신고로 도봉구의 예비군 훈련장에서 처음 발견되었으며 클라이언트는 훈련장 내 지하벙커에서 은둔생활을 하고 있었다. 경찰의 말을 빌려 이야기 하자면 온갖 쓰레기가 가득한 지하벙커에서 홀로 생활하고 있었다고 한다. 클라이언트는 허름한 옷차림에 허리춤까지 내려오는 머리카락, 덥수룩한 수염으로 보아 전반적으로 개인위생(의복의 세탁, 이발 등)이 전혀 이뤄지지 않은 모습이었다.

특징적인 문제는 클라이언트가 본인의 이름을 제외하고는 전혀 말을 하지 않고 고갯짓으로 대답만 하는 상황이었다. 가족, 본인의 정보(주소, 주민등록번호 등), 노숙을 하게 된 이유에 대해서도 전혀 알 수 없는 상황에서 사정 상담을 위해 클라이언트와의 만남을 진행하였다.

2) 클라이언트 정보

클라이언트의 입소 후 입소상담, 사정 상담을 진행하기 위해 수차례 만났으나 할 수 있는 말이 없는 것인지 아니면 말을 배우지 못한 것인지 말을 하지 않고 있는 모습만이 관찰되었다. 이름의 경우 도봉구 지구대에서 입소 연계를 할 당시 열 손가락의 지문을 모두 확인하고서야 클라이언트의 이름이 김현태라는 것을 확인할 수 있었다고 한다. 불안정한 눈동자와 눈의 움직임, 상담자가 하는 이야기는 알아들으나 본인의 이름을 제외하고는 말을 하지 않는 모습, 그리고 정신질환의 모습으로 관찰된 Self talking[3], Silly Smile[4]이 전부였다.

그림이나 글로 써서 클라이언트에게 보여주면 고갯짓으로 대답을 하는 것으로 미뤄보아 클라이언트의 인지력에는 문제가 없는 것으로 확인되나 선택적 함묵증[5]이 의심되는 모습을 보였다. 그로 인

3) Self Talking(자기대화): 정신과적 증상으로 환청으로 인한 혼잣말
4) Silly Smile(바보 같은 웃음): 적절치 않은 상황에서의 웃음
5) 선택적 함묵증: 발성 및 발음기관이나 기능에 장애가 없음에도 상황이나 사람 앞에서 말하지 않는 것

해 클라이언트의 정보에 대해 전혀 알 수 없어서 사정 상담이 제대로 진행될 수 없는 상황이었다. 우리는 클라이언트가 어느 정도 센터생활에 적응하고 본인이 하고 싶은 말을 할 때까지 기다리는 것으로 입소상담을 마무리하였다. 이후 담당직원은 클라이언트에게 할 수 있는 것은 선택적 함묵증을 해소하기 위해 글자를 읽어 보고 소리 내어 말하는 것을 연습시키기를 진행하였다. 담당직원의 이름부터 같은 생활실에서 생활하고 있는 동료 이용인들의 이름을 하나하나 익히고 말하는 데 꼬박 한 달이라는 시간이 소요되었다. 한번 입에서 소리가 난 이후로 클라이언트의 발전은 급속도로 진행되었고, 두어 달 만에 본인의 욕구도 표현하는 모습으로 발전하였다.

클라이언트의 말소되었던 신분을 재신청하였고 신분증도 새로 발급받았다. 클라이언트에게 도움이 되고자 기초생활수급을 신청하였고, 그 과정에서 친모의 존재가 확인되고 만남까지도 성사되었다. 클라이언트는 어렸을 때부터 말수가 적기는 하였으나 현재의 상황처럼 말을 전혀 하지 못하거나 정신질환을 앓을 정도의 어려움은 없었다고 한다. 친부와 이혼하면서 초등학교 2학년 이후로 클라이언트를 만난 적이 없고 이후 처음 만남을 갖는 것인데 이러한 어려움(선택적 함묵증, 상세불명의 정신질환)을 겪고 있을지는 상상도 못했다고 한다. 구체적으로 친부와 언제, 어떻게, 왜 헤어졌는가에 대해서도 친모는 모를뿐더러 친모도 경제적인 어려움으로 기초생활수급을 받으면서 생활하고 있다고 하며 자신이 클라이언트를 부양을 할 수 있는 여력이 되지 않는다고 이야기하였다.

연습과제

1) 담당 사회복지사가 제안하는 토론

클라이언트는 현재도 비전트레이닝센터에서 생활을 하고 있으나 본인이 처해있는 상황(노숙)이나 문제(정신질환)들에 대해 제대로 인식하고 있지 못하는 상황이다. 비전트레이닝센터 내에서 진행되고 있는 자활근로에도 참여할 정도로 개인의 신체, 정신건강은 완화되고 발전된 상황이나 비전트레이닝센터에서 생활할 수 있는 기간은 최장 2년으로 아무리 성공적인 증상관리와 재활, 자활이 이뤄졌더라도 사회로 재진출을 할 때 본인의 경제력과 잔존증상으로 인해 재노숙으로 빠질 수 있는 확률이 높다고 판단된다. 클라이언트에게 유일한 지지체계인 친모는 기회가 된다면 클라이언트와 함께 생활하고자 하는 의지는 있으나 건강도 좋지 않을뿐더러 생계에도 어려움이 있기 때문에 섣불리 함께 살자는 이야기를 꺼내지는 못하는 상황이며 함께 생활하더라도 기초생활수급비를 수령하는 데에도 큰 문제가 될 것이다. 기초생활수급비를 받는 인원이 1인에서 2인으로 늘어난 상황(시 · 군 · 구청에서의 인정여부), 신체 건강한 30대의 클라이언트가 사회생활을 하지 않고 기초생활수급비에 기대어 지역사회에서 살아가는 것에 대한 경제적 어려움, 또한 클라이언트가 기초생활수급비를 포기하고 일을 하더라도 정기적으로 정신병원을 다니면서 치료가 필요한 상황과 노모의 건강상의 문제로 병원비를 지출하는 것이 생활하는 데 있어서 한 사람의 급여로 충족되지 않아 더욱 어려운 환경(빈곤의 덫)에 처하게 만드는 것이 아닌가에 대한 딜레마가 있다.

2) 역할극

사회복지사가 접수(intake)를 위해 클라이언트의 주요 문제를 확인하는 장면에 대해 역할극을 실시하시오. 역할극을 본 후 학생들은 소감을 나눈다.

3) 사정

동료와 함께 클라이언트를 사정하시오. 생태도를 그리거나 수업에서 배운 다양한 이론을 활용해서 해석하고 기록한다.

4) 모의 사례회의

담당 사회복지사가 나와서 모의 사례회의를 진행하시오.

5) 실천기술 적용

어떤 실천기법, 실천기술, 실천모델을 활용해서 개입하면 좋을지 제안하거나 실천기술이 활용되는 장면에 대한 역할극을 수행하시오.

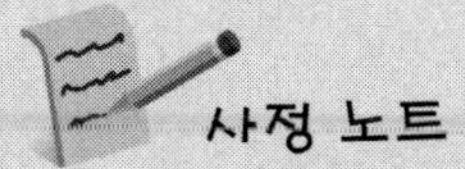

사례 7

갑자기 찾아온 실명으로 힘들어하는 여성

기관소개

1) **기관명**: 서울시각장애인복지관

2) **역사 및 사업특징**: 서울시각장애인복지관은 1991년 5월에 개관하여 현재 7개의 팀(총무팀, 운영지원팀, 사회재활팀, 정보재활팀, 사례지원팀, 점역출판팀, 디지털도서팀)으로 구성되어 시각장애인의 재활과 자립을 위한 사업을 진행하고 있다. 사회재활팀은 비장애인에 비해 문화여가 생활을 쉽게 접하지 못하는 시각장애인들을 위하여 다양한 프로그램 및 사업을 통해 사회활동의 기회를 제공하고 있다. 사례지원팀은 복지관을 이용하는 모든 시각장애인을 대상으로 프로그램 사업 적절성 등 상담 및 사례관리를 담당하고 있으며, 저소득 및 복지사각지대에 놓여 있는 시각장애인을 찾아 필요한 서비스를 제공하기 위한 사업을 수행하고 있다. 정보재활팀은 정보화시대에 정보접근에서 차별을 당하기 쉬운 시각장애인을 대상으로 PC상담 및 교육을 진행하고 있다. 또한 중도시각장애인을 위한 기초재활교육사업, 취업알선 및 교육을 제공하는 직업재활사업을 함께 수행하고 있다. 점역출판팀과 디지털도서팀은 시

각장애인을 위한 대체도서를 제작 · 보급하는 사업을 수행하고 있으며, 두 개의 팀으로 세분화하여 전문성을 더 높였다. 운영지원팀은 복지관 운영을 지원하기 위한 자원봉사관리, 후원관리 사업과 지역사회를 대상으로 시각장애인에 대한 편견을 바로잡기 위한 장애인식개선사업 등을 수행하고 있다.

지역사회 특징

서울시각장애인복지관은 서울 송파구에 위치하여 지하철 2호선 잠실역과 잠실새내역 인근에 있어 비장애인이 찾아오기에 지역적 접근성이 좋다고 할 수 있다. 그러나 지하철역에서 도보로 15분 이상 소요되고 경로상 재래시장과 아파트단지 등을 지나야 하기에 사람이 많고 복잡해서 시각장애인이 이용하기에는 찾아오기 힘든 것이 사실이다. 따라서 지하철역(잠실새내역)과 복지관을 왕복하는 셔틀차량 혹은 시각장애인이동지원센터에서 운영하는 장애인콜택시를 이용하여 복지관을 찾는 사람들이 대부분이다.

서울시에는 약 4만 2천명의 시각장애인이 거주하고 있으며, 서울시 내에 있는 시각장애인복지관은 5개이다. 서울시각장애인복지관은 지역에 국한하지 않고 서비스를 제공하고 있지만 재가대상자 및 관리에 한해서는 송파구 지역을 위주로 서비스를 제공하고 있다. 특히 송파 세 모녀 사건 이후 복지사각지대에 대한 관심이 사회적 이슈로 떠오르면서 어려움에 처한 위기가정을 발굴하고 지원하기 위한 서비스의 강화가 요구되고 있다. 이에 본 복지관에서는 송파구 지역사회복지협의체 가입, 3개의 분과(사례관리분과, 자원개발분과, 장애인분과)에 참여를 통한 기관 간 네트워킹, 서울시 시각장애인복지관 사례관리 담당자들이 모인 시각네트워크회의, 송파구청 및 주민센터와 연계하여 복지사각지대에 놓인 대상자를 발굴하고 지원하고 있다.

이 밖에 지역사회 자원으로는 기업(삼성SDS, 삼성증권, 농협생명 등)과 민간단체(송파소방서 의용소방대, 적십자봉사센터 등), 학교 및 공공기관 등과 연계하여 자원봉사 및 인식개선 사업 등을 진행하고 있다.

클라이언트 체계

1) 의뢰 과정

클라이언트 전옥자(49세, 여) 씨는 복지관의 프로그램 홍보를 접한 클라이언트의 아들을 통해 사례 접수를 진행하게 되었다. 아들의 말에 따르면 전옥자 씨는 비장애인으로 살다가 망막색소변성증[6]으로 인해 시각장애가 발생되었고, 점차 시력이 저하되어 1급 시각장애로 판정이 된 상태였다. 장애판정 후 클라이언트는 세상과의 교류를 단절하고 매일 집에서만 활동하며 집 밖으로 나가지 않

6) 망막색소변성증(retinitis pigmentosa): 망막에 분포하는 광수용체의 기능장애로 발생하는 진행성 망막변성질환

고 있는 상태라고 하였다. 이에 담당자는 방문 상담을 위하여 클라이언트의 아들과 수차례 전화통화를 실시하였고 클라이언트의 기본정보를 수집하고 만남을 계속 시도하였다. 그러나 클라이언트는 담당자와의 전화통화는 물론 방문상담을 계속 거부하여 사례의 진행이 멈춰있는 상태였다. 따라서 담당자는 아들을 통하여 기초재활에 대한 정보를 전달할 수밖에 없었고, 아들은 클라이언트의 기초재활교육의 참여를 위하여 계속해서 클라이언트를 설득하였다. 약 3개월의 기간을 함께 설득한 결과 클라이언트가 마음을 열어 방문상담을 진행할 수 있게 되었고, 시각장애인이며 중도실명을 경험한 팀장과 함께 방문상담을 계획하였다.

2) 클라이언트 정보

클라이언트 전옥자 씨는 남편 김현재(가명, 52세) 씨, 그리고 복지관에 도움을 요청한 아들 김진행(가명, 21세) 씨와 함께 다세대주택 2층에 거주하고 있었다. 집 내부는 방 세 개와 거실이 있는 평범한 모습이었고, 깔끔하게 정리되어 있어 경제적으로 큰 어려움이 있어 보이지는 않았다. 담당자가 전옥자 씨 댁에 도착했을 때 맞이해 준 사람은 복지관에 연락을 준 아들 김진행 씨였다. 전옥자 씨는 방에 있었고, 담당자 일행이 온 것을 알고 거실로 나와 함께 이야기를 할 준비를 보였다. 잠시 후 가게를 보고 있던 남편 김현재 씨가 도착해 함께 인사를 나누며 상담을 진행하고자 하였다.

전옥자 씨의 첫인상은 무기력해 보였으며, 모든 것을 포기한 듯한 느낌을 주었다. 그리고 복지관을 통해 도움을 받고자 하는 의욕조차 없어 보였다. 따라서 첫 상담은 클라이언트와의 라포형성에 목적을 두고 담당자와 팀장을 소개하면서 진행하였다. 상담에서 전옥자 씨는 거의 말이 없었으며, 대부분의 정보는 남편 김현재 씨가 대신 대답해 알려 주었다.

현재 가족의 주 수입원은 남편 김현재 씨가 운영하는 치킨집이었다. 전옥자 씨는 망막색소변성증이 오기 전까지 김현재 씨와 함께 치킨집을 운영했다고 한다. 전옥자 씨는 가족에게는 헌신적인 아내이자 엄마였다고 한다. 또 주변 상인들에게도 인기가 많고 단골들에게도 친절하게 대하는 밝은 사람이었다고 남편 김현재 씨가 전해 주었다. 그러나 시각장애 판정을 받고 점점 시력이 나빠지면서 무기력해지고 주변 사람들에게도 마음을 닫았다고 했다. 처음에 장애판정을 받았을 때는 현실을 부정하며 남편과 아들에게 짜증을 내는 등 폭력적으로 변했다고 한다. 그리고 병원에 가기를 거부하며 '난 눈 병신이 아니야!' 라며 소리를 지르기도 했었다고 전했다. 시력은 계속해서 나빠졌고, 결국에는 자살시도까지 하며 현실에 대한 부정적인 반응이 너무나 컸다고 한다. 그 상황에서 아들 김진행 씨가 주민센터에서 우연히 발견한 복지관 홍보지를 통해 복지관에 상담을 요청했고, 현재 상황에 이르렀다고 했다. 약 한 시간 반 정도 진행됐던 첫 상담은 동행한 팀장이 자신이 경험한 중도실명의 어려움과 그것보다 더 힘들었던 본인이 장애인임을 인정했던 이야기, 그리고 기초재활교육을 통해 자신이 얻은 것들을 얘기하면서 일주일 뒤 다시 한 번 방문하기로 약속을 하고 마무리 되었다. 복지관에 돌아온 후 다음 상담을 준비하며 담당자는 전옥자 씨에게 계속해서 연락을 취했으며, 이후에는 직접 전화통화도 진행할 수 있었다. 전옥자 씨는 전화통화를 하며 기초재활교육에 대한 문의를 하며 지속적인 관심을 보여주었다.

두 번째 방문 상담을 위해 다시 전옥자 씨에 집에 방문했다. 이번에도 역시 맞이해 준 사람은 아들 김진행 씨였으며, 전옥자 씨는 거실에서 우리를 기다리고 있었다. 두 번째 맞이한 전옥자 씨의 인상은 역시 무기력해 보였다. 하지만 지난번과는 다르게 거실에서 기다리고 있는 모습을 통해 상담을 준비했다는 느낌을 받았다.

두 번째 상담은 지난번 상담 후 어떻게 지냈는지 간단히 인사를 나누며, 기초재활교육에 대한 소개와 참여를 이끌어 내는 것을 주 목적으로 진행하였다. 이번 상담에서는 주로 전옥자 씨와 대화를 나누기 위해 노력했고, 전옥자 씨 역시 지난번과는 다르게 성실히 상담에 참여해 주었다. 남편 김현재 씨는 가게가 바빠 상담에 함께 참여하지 못했다. 상담에서 주로 나눈 얘기는 전옥자 씨 본인에 대한 이야기였다. 지난번 상담에서 남편 김현재 씨에게 얻었던 정보를 다시 한 번 전옥자 씨를 통해 듣고자 노력했으며, 본인이 겪는 어려움을 본인이 얘기하도록 하며 자신이 겪는 상황을 다시 한 번 돌아보게 하기 위한 접근이었다. 상담을 진행하다가 현재 상황에서 전옥자 씨를 가장 힘들게 하는 것이 무엇이냐는 질문에, 전옥자 씨는 자신이 장애인이라는 것을 생각하는 것이 가장 싫다고 했다. 자신이 눈이 보이지 않는 것을 주변에서 불쌍하게 바라보는 것, 그리고 자신은 집에서도 혼자 움직이지 못하는데 남편은 일하느라 바쁘고, 아들은 곧 군대를 가는데 그렇게 되면 자신이 혼자 남겨지는 것 같아 무섭다고 했다. 가장 변화하고 싶은 점은 무엇이냐는 질문에, 자신이 장애를 가지며 다른 사람들과 모든 관계를 끊었는데 이제는 예전처럼 주변사람들과 웃으며 지내고 싶다고 했다. 그리고 아들이 군대에 가지 않았으면 한다고 이야기했다.

연습과제

1) 담당 사회복지사가 제안하는 토론

클라이언트는 자신의 신체 변화를 납득하지 못하고 있다. 그리고 자신이 장애를 통해 세상과 가족에게서 버림을 받는다는 상실감을 느끼고 있다. 그 상실감을 주체하지 못해 자살을 시도할 만큼 극단적인 선택을 하기도 했다. 이제 곧 군대에 가야 하는 아들에 대한 집착이 심해 보인다. 이런 클라이언트에게 자신이 장애인이라는 것을 자연스럽게 받아들이도록 하는 것이 고민스러운 바이다.

2) 역할극

사회복지사가 접수(intake) 단계에서 클라이언트가 호소하는 고통에 감정이입하는 장면에 대해 역할극을 실시하시오. 역할극을 본 후 학생들은 소감을 나눈다.

3) 사정

동료와 함께 클라이언트를 사정하시오. 생태도를 그리거나 수업에서 배운 다양한 이론을 활용해서 해석하고 기록한다.

4) 모의 사례회의

담당 사회복지사가 나와서 모의 사례회의를 진행하시오.

5) 실천기술 적용

어떤 실천기법, 실천기술, 실천모델을 활용해서 개입하면 좋을지 제안하거나 실천기술이 활용되는 장면에 대한 역할극을 수행하시오.

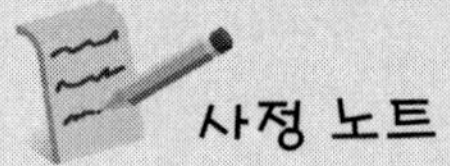
사정 노트

사례 8

교실에 들어가지 않는 고등학생

기관소개

1) **기관명**: 숭실고등학교

2) **역사 및 사업특징**: 본교는 1897년에 영성, 지성, 덕성을 겸비한 교회와 사회의 지도자를 양성하기 위해 창립된 학교이다. 기독교 진리에 입각한 이념 아래 지식을 배양하고 자주적이고 자율적인 인간성을 키우며, 신체와 정신의 건전한 발달로 자유 민주주의 사회에 유용한 인물을 육성하는 것이 교육의 목표이다. 1897년 미국장로교 선교사 베어드 박사가 평양 신양리에 13명의 학생으로 개교하였고, 4년 뒤 숭실학당이라는 이름으로 학교를 신축하게 되면서 숭실이라는 이름을 갖게 되었다. 이후 숭실고등학교는 105인 사건, 독립선언문을 인쇄하여 평양시위 군중에게 배포하는 등 독립운동을 함께한 학교이다. 공산치하에 남하하여 1954년 용산구에 학교를 건축하게 되고, 이후 1975년 지금의 은평구 신사동에 중 · 고등학교를 신축 이전하게 되었다.

2012년 이후 은평구의 주민참여정책의 일환으로 전국 최초로 일반고(인문계고)에 교육복지사업 지원을 위한 전문인력을 배치하였

다. 2017년에 숭실고등학교는 개교 120주년을 맞이하였으며, 6년차 교육복지사업을 이어가고 있다,

총 학생 수는 1,284명으로 38학급 규모이며, 교육복지 대상 학생 수는 약 20% 이상을 차지하고 있다. 교육복지실은 저소득 및 학교 부적응 학생뿐만 아니라 전교생을 대상으로 학생들이 낙인감 없이 자유롭게 이용할 수 있도록 개방하고 있다. 집중관리 및 지원 학생을 구분하여 개별상담, 집단상담, 사제 멘토링, 대학생 멘토링 등 다양한 프로그램을 학생들의 욕구에 맞게 개발하고 진행하고 있다.

 지역사회 특징

본교가 위치하고 있는 서울시 은평구는 자치구별 재정자립 현황에서 평균 재정자립도에 못 미치는 여건을 지녔다. 그럼에도 불구하고 은평구는 서울시에서도 '마을공동체' '사회적 기업' '풀뿌리 운동' 등의 시민단체 활동이 가장 활발한 자치구 중의 한 곳이다. 한편 이 지역에서는 타지역에 비해 고등학교 입학 이후 교육소외학생들의 학업중도포기 및 탈락률이 높게 나타나고 있다. 그러나 이 문제를 바라만 보지 않고 문제의식을 가지고 원인 규명 및 해결을 위한 활발한 논의 끝에 2012년 유 · 초 · 중까지 이어지는 교육복지에 대한 중요성을 인식하고, 고등학교에도 지속적인 지원을 위해 전국 최초로 일반 고등학교에 교육복지사업을 위한 전문인력

을 지자체 예산으로 지원하고 있다. 또한 서울시 내 자치구 중 3순위(56.5%)로 사회복지분야에 높은 비중의 예산을 사용하고 있다.[7] 다시 말해, 사회복지분야에 높은 관심과 지원이 집중된 자치구라 할 수 있다. 또한 고등학교의 경우 학교 근거리뿐만 아니라 장거리에서 학생들이 학교를 다니고 있어 은평구의 넓은 범위의 특징이 포함되어 적용된다. 학생들이 주로 많이 거주하는 지역은 10개 이상의 넓은 지역에 분포하고 있다.

넓은 지역에서 학생들이 오는 만큼 연계할 수 있는 지역자원이 많고, 또한 지역사회에서 자원 활용 책자, 마을을 소개하는 안내 책자 등 구청과 마을 자체의 노력을 엿볼 수 있는 많은 안내 책자들을 발간하고 있다.

클라이언트 체계

1) 의뢰 과정

클라이언트 김성진 학생(18세, 고2, 남)은 교실에 들어가지 않고 항상 특별실(상담실, 복지실 등)을 배회하며 수업에 참여하지 않고 있었다. 이에 담당선생님들이 수업시간에 특별실에 들어오지 못하게 하면, 교실에 들어가지 않고 무단 외출이나 무단 조퇴를 하는 등 학교생활에 부적응하는 모습을 보였다. 그래서 담임교사와 인성진로부에서는 이 상황을 계속해서 지켜만 볼 수 없어 여러 선생

7) 참고: 서울시청 홈페이지 http://www.seoul.go.kr/

님들이 함께 고민하기 시작했다. 김성진 학생의 경우, 올해뿐만 아니라 지난 1년 동안도 이와 같은 행동이 계속 반복되어 2학년으로 진급도 어려웠던 상황이었다.

그러나 올해 들어 부적응의 횟수와 정도가 더 심해지게 되었고, 그뿐 아니라 학교 밖에서도 폭력사건에 연루되는 등의 행동들을 보이고 있어 학교에서도 많은 고민을 안고 있다. 담임교사, 학생부, 사회복지사가 성진이의 출결 상황을 같이 확인하고 있으나, 집에서는 등교를 했다고 하나 학교 앞에서 들어오지 않고, 편의점 등에 앉아 있다가 결국에는 학교에 들어오지 않고 무단결석을 하는 경우들이 늘고 있다.

그럼에도 불구하고 학교에서는 계속적으로 학교에 적응할 수 있는 기회를 제공하기 위해 정규수업을 대신할 수 있는 프로그램을 개발하고 진행하려는 노력과 시도를 하지만, 성진이는 그것조차 참여하는 것을 힘들어 하고 있다. 학교에서는 또한 가정방문을 통해 가족체계에 대한 개입과 접근을 하기 위해 노력하고 있다.

2) 클라이언트 정보

성진이는 학교생활에 부적응하는 학생의 전형적인 모습을 보여주고 있다. 거기에 가정의 어려움과 성장과정에서 받았던 상처들이 복합적으로 작용한 어려운 사례이다. 성진이가 4세가 되던 해 부모님은 이혼을 했고 그 후 성진이는 어머니(42세)와 함께 생활하게 되었다. 초등학교 고학년 때부터 친구들과 어울리면서 흡연을 시작하게 되었고, 중학교에 와서는 무단결석, 조퇴 등을 반복하면서 학교에 부적응하는 행동들이 나타나게 되었다. 어머니는 이런 성진이를 변화시켜 보고자 개별상담, 제빵프로그램, 태권도, 놀이치료 등 할 수 있는 것은 다 해보려 노력하였다고 한다. 그러나 성진이는 나아지기는커녕 점점 더 어긋나기만 했고, 이런 성진이의 모습에 힘들어 하시던 어머니는 다른 지역에 거주하시는 아버지(45세)에게 성진이를 보내게 되었다. 어머니 말씀으로는 아버지는 성진이에 대한 애정이 없어, 어렸을 때 성진이를 단 한 번도 안아주지 않던 무정한 아빠라고 표현하였다. 그럼에도 불구하고 그 당시 성진이를 아버지에게 보냈던 것은 성진이가 그래도 아버지를 무서워하기 때문에 아버지 곁에 있으면 두려움 때문이라도 학교생활을 잘 할 수 있지 않을까 하는 마음에서였다고 한다.

성진이는 아버지와 함께 있는 동안 고등학교에 진학하게 되었지만, 낯선 환경에 더 적응하지 못한 성진이는 학교에 가지 않았을 뿐만 아니라 집을 나와 생활하게 되었다. 아버지는 들어오지 않는 성진이를 걱정하기는커녕 현관문의 비밀번호를 바꿔버리는 등 매정하게 성진이를 쫓아냈다. 이렇게 약 한 달 동안을 방황하고, 길거리에서 생활했던 성진이는 다시 어머니에게 돌아오게 되었다. 어머니께서는 이 일을 계기로 아버지에 대한 실망이 더 커졌고, 성진이 또한 아버지에 대한 더 큰 상처를 받고 돌아오게 되었다. 어머니와 함께 살면서 고등학교에 적응하지 못해 두 곳의 고등학교를 옮겨 다니다 본교로 전학한 것이다.

이렇게 힘든 시기를 보낼 즈음 어머니는 재혼을 하게 되었다. 성진이의 새아버지(40세)가 되실 분은 체육관을 운영하고 계시는 분으로 어머니께서는 운동을 하는 사람이라면 성진이의 진로에도 분명 도움이 될 수 있을 거라는 확신에 재혼을 결심하시게 되었다.

그렇게 4년 전 재혼을 하시고, 얼마 지나지 않아 새아버지와 어머니 사이에서 예쁜 성진이의 여동생이 태어났다. 재혼도 성진이의 장래를 위해 하셨다고 할 만큼 성진이에 대한 어머니의 애착은 강한 편이고 포기하지 않으려는 의지가 있지만, 그 의지만큼 성진이가 따라오지 못해 늘 힘들어 하고 있다. 새아버지는 성진이를 무조건 고등학교만큼은 졸업시켜야 한다는 강한 의지를 가지고 있다. 그만큼 포기하지 않고, 애정을 갖고 키우고 싶어 하는 의지가 있다. 성진이가 새아버지를 부르는 호칭은 '관장님'이다. 호칭에서도 볼 수 있듯이 새아버지와 성진이와의 관계에 있어서 성진이는 늘 불편하고 어려운 분이라고 말한다. 그렇지만 새아버지가 자신의 장래에 대해 고민하고 걱정하는 것만큼은 잘 알고 있다고 말한다.

이런 어른들의 마음보다 성진이는 늘 자신의 갈팡질팡한 마음과 자신의 의지로는 해결되지 않는 문제들이 많아 힘들어 한다. 마음을 다잡아 보아도 몇 시간도 되지 않아 포기해 버리고 다시 돌아오는 자신의 모습에 본인도 힘들어 하고 있다. 학교사회복지사가 성진이와 함께 이야기하는 과정에서도 처음에는 대안학교를 가겠다며 신나서 이야기를 하다가도, 다음날은 학교에서 잘 버텨보겠다고 하고, 며칠 지나서는 자퇴해야 할 것 같다고 하는 등 자신의 마음을 다잡지 못하고 있다. 뚜렷한 목표와 잘하는 것, 하고 싶은 것에 대한 관심과 기대, 자신감 등 모든 게 불투명한 성진이다.

성진이네 가정은 현재 기초수급가정이다. 어머니는 새아버지와 4년 전 재혼하셨지만, 경제적인 형편으로 인해 혼인신고를 하지 않은 사실혼의 상태로 수급비를 받고 그것으로 생활하고 있다. 어머니는 새아버지의 체육관 운영이 어려워져 생활비로 한 달에 10만 원도 못 받고 있어 경제적인 상황이 더 어려워졌다고 한다. 그나마 어머니와 언니가 조금씩 도움을 주고 있어 그것으로 어려울 때마다 고비를 넘기고 있다고 한다. 가정과 학교에서는 성진이가 무조건 고등학교만큼은 졸업해야 한다는 목표를 가지고 있고, 본인도 그 목표를 부인하지 못하고 있다.

이러한 어려운 상황과 문제 속에서 또 한 가지 문제는 성진이에게 진정한 친구가 없고 또래관계가 형성되지 못했다는 것이다. 어쩌다 반에 들어가게 되면 같은 반 학생들은 성진이를 없어도 되는 학생, 필요 없는 학생 등으로 취급하고 무시하는 듯한 눈빛과 모습을 보이는데, 이는 성진이가 교실에 들어가지 않는 이유 중 하나이기도 하다. 이런 친구들의 태도에 한 몫을 한 것 중 하나는 성진이가 분노를 조절하는 것에 미숙하다는 것이다. 순간적으로 폭발하거나, 욕설을 하는 성진이를 보며 친구들은 무서워하기보다 미성숙한 아이라고 무시하게 되는 경우가 많다.

가끔 북적북적 아이들이 많은 시간에 성진이가 오게 되어 아이들과 이야기를 주고받기라도 하면 멋쩍은 듯 웃으며 아이들에게 다가가고 싶은 마음을 내비쳐 더 안타깝다. 친구들과 긍정적인 또래관계를 형성하는 것에 대한 갈증은 있지만, 또 막상 함께 하는 프로그램이나 협동이 필요한 활동에서는 용기를 내지 못하는 편이라 성진이의 마음과 행동이 다르게 나타나고 있다.

연습과제

1) 담당 사회복지사가 제안하는 토론

① 클라이언트 성진이를 위한 학교와 가정의 목표는 고등학교라도 꼭 졸업하는 것이다. 그러나 현재 계속 반복되는 성진이의 행동과 모습을 보며 학교에서는 과연 고등학교 졸업이 성진이에게 필요한 것인지, 이 목표가 성진이를 위한 것인지 의문과 고민에 빠졌다.

② 성진이는 평소 길게는 아니지만, 근근이 아르바이트를 하며 본인의 용돈을 벌곤 하였다. 그곳에서도 본인의 분노를 참지 못해 그만두는 일이 허다했지만, 돈이라는 목적을 달성하기 위해 성진이는 노력을 하곤 했다. 이런 모습을 통해 성진이 스스로에게는 학교 졸업이 목표가 아닌 좀 더 큰 자극제나 접근이 필요한 것이 아닌지 생각하게 된다.

2) 역할극

사회복지사가 접수(intake) 단계에서 자신이 적합한 서비스를 제공할 수 없음을 클라이언트에게 안내하고 다른 기관으로 의뢰를 해야 한다는 사실을 설명하는 장면에 대해 역할극을 실시하시오. 역할극을 본 후 학생들은 소감을 나눈다.

3) 사정

동료와 함께 클라이언트를 사정하시오. 생태도를 그리거나 수업에서 배운 다양한 이론을 활용해서 해석하고 기록한다.

4) 모의 사례회의

담당 사회복지사가 나와서 모의 사례회의를 진행하시오.

5) 실천기술 적용

어떤 실천기법, 실천기술, 실천모델을 활용해서 개입하면 좋을지 제안하거나 실천기술이 활용되는 장면에 대한 역할극을 수행하시오.

사정 노트

사례 9

암 재발로 삶의 희망을 잃은 여성

기관소개

1) **기관명**: 성남시노인보건센터

2) **역사 및 사업특성**: 성남시노인보건센터는 2008년 국가적으로 당면한 고령화 사회를 맞아 급증하는 노인성 질환에 능동적인 대응을 하기 위해 건립된 전국 최초의 보건 · 의료 · 복지 통합 서비스 기관이다. 본 센터의 주요 사업을 소개하자면, 외래 진료부에서는 신경과, 내과를 중심으로 노인성 질환에 대한 전문적인 진단과 치료, 예방 및 자기관리에 대한 교육 등을 시행하고, 센터 내 노인보건사업 담당 부서를 지원하여, 의학적 토대를 제공하면서 의료보건 사업의 중추적 역할을 하고 있다. 장기요양시설에서는 노인성 질환으로 인해 일상생활 수행이 어려운 어르신들에게 생활지원서비스, 보건의료서비스, 기능 회복 훈련 등을 제공하여 잔존기능을 유지 · 향상시키기 위한 서비스를 제공하고 있다. 이음센터(어르신 주간보호시설)에서는 성남시에 거주하는 경증치매어르신(장기요양등급외자)과 치매환자 가족을 대상으로 주간 활동 서비스를 제공한다. 치매관리부에서는 노인성 질환 중 최근 가장 큰 문제가 되고 있는 치매를 특별히 관리하여 2015년 “함께해요 치매, 기억해요

성남"이라는 표어 아래 치매예방과 관리를 위하여 지역사회 치매 예방교육, 조기검진 및 치료지원 서비스, 센터 내 인지재활 프로그램 운영, 출장 인지재활 프로그램 운영, 표준 프로그램 및 도구 개발, 성남시 네트워크 협약 기관의 치매전문 인력 교육 및 기술 지원 등 치매통합 관리 시스템을 구축하여 서비스를 제공하고 있다. 최근 '뇌 건강 체험박물관'을 개관하여 유치원 아이들부터 어르신들에 이르기까지 모든 연령대가 방문하여 치매 및 뇌 건강에 대한 교육과 체험을 통해 치매에 대해 긍정적으로 접근할 수 있는 치매 인식개선 사업을 활성화하고 있다.

지역사회 특징

성남시노인보건센터가 위치한 성남시는 우리나라에서 처음으로 특수한 목적하에 정책적으로 개발된 인공도시이며, 3개의 일반구(수정구, 중원구, 분당구)로 구성되어 있다. 수정구는 성남시 북서부에 위치하였으며, 서울특별시와 인접해 있기 때문에 대부분의 땅이 개발제한구역 및 군사시설 보호구역으로 묶여 있어 중·대규모 개발이 어려워 시설 재배 농업이 활발하게 이루어져 있다. 성남의 중앙부에 위치한 중원구는 남한산 자락에 위치하여 언덕이 난무하고 골목길 폭이 좁은 것으로 악명이 높으며, 수정구와 마찬가지로 개발되지 않은 빌라촌이 비교적 많은 편이다. 분당구는 제5공화국 당시 '주택 200만 호 건설 공약'에 의해 계획된 5대신도시 중 하나로 신도시의 자족기능을 높이기 위해 '분당테크노밸리'를 조성하였다. 분당은 흔히 '부자동네'로 유명하며 고급 주상복합 아파트 및 주거용 오피스텔이 대거 건설되어 있으나, 보기와는 다르게 세 개의 구 중 가장 높은 노인 비율과 수급자 비율을 보이고 있으며, 높은 빈부격차를 보이고 있다. 이에 분당구는 보편적 복지 서비스보다는 찾아가는 서비스, 사각지대 발굴 등의 사업이 활성화 되어 있다. 성남시는 분당구를 제외한 나머지 2개의 구에서 동별로 '복지회관' 운영을 통해 지역주민들의 복지 서비스의 접근성을 높이고 있으며, 특별히 청소년, 청년에 대한 복지 활성화를 통해 전 연령의 통합 복지 서비스를 활성화하고 있다. 또한 성남시는 대・중소기업의 공장단지의 비율이 높아 인적・물적 자원이 비교적 풍부하며, 인근 공장지대의 기관 후원과 기업 단체봉사 등 기업에 의한 자원이 많은 편이다.

클라이언트 체계

1) 의뢰 과정

상기 pt[8] (박경자, 81세, 여)는 2013년 9월 우측 수부에 발생한 고악성 육종암[9]으로 지역병원에서 우측 전완부[10] 절단술을 시행하

8) pt: Patient(환자)의 약어이며, 병원에서의 Client를 의미한다(의료사회복지 사용 용어).

9) 육종암: 근육에 생기는 악성 종양

10) 전완부: 팔꿈치 밑에서부터 손목까지의 뼈

고, 장기적인 항암치료를 받았다. 그러나 항암치료 도중 연골육종[11]의 폐 전이가 진행되었다는 진단하에 양측 폐 전이 절제수술을 시행하였다. pt는 수술 후 장기적인 안정과 지속적인 물리치료 등 다양한 치료적 처치가 필요하다는 지역병원의 소견에 따라 2016년 초 본 센터에 의뢰되어 입원하였다. pt는 본 센터 입원 초기, 적극적인 치료 참여와 회복에 대한 높은 의지로 빠른 건강의 회복을 보였으나, pt의 기대와는 다르게 2016년 4월 초 쇄골쪽에 암 전이 및 재발이 보인다는 주치의의 소견에 따라 현재 수술을 권유받은 상태이다. 그러나 pt는 이미 두 차례의 수술을 통해 고액의 항암치료와 비급여 약제의 비용 발생으로 평생을 모아둔 예금을 소진한 상태였으며, 결국 경제적 어려움이 인정되어 수급자 판정 후 우울함과 무력감 등 심리·사회적 어려움을 경험한 적이 있었다. 또한 pt는 입원 전 함께 거주했던 두 명의 손녀가 있는데, pt를 걱정하고 헌신적으로 간병하고 있는 어린 두 손녀에 대한 걱정과 미안함, 3차 수술 진행 시 회복 가능성에 대한 의심과 불신, 장기적인 입원생활에 대한 소진 등 다시 한 번 다양한 심리·사회적 문제와 마주하게 되었다. 이에 pt는 개인적, 심리사회적인 복합적 문제들로 인해 현재 완강하게 수술 거부 상태를 보이기 시작하였으며, 이러한 환자의 심리·사회적 문제의 완화를 위해 주치의에 의해 본 상담실로 의뢰된 케이스이다.

pt는 초기상담 시 우측 전완부가 절단된 상태로 휠체어에 앉아 자원봉사자의 도움으로 상담실로 찾아왔다. 다행히 본 상담자와

11) 연골육종: 연골에 생기는 악성 종양

센터 내 종교행사를 통해 자주 마주치면서 라포형성이 이루어진 상태로 초기상담 진행 시 큰 어려움이 없을 것으로 판단되었다. 상담에 앞서 pt의 긴장완화를 위해 일상적인 이야기로 시작하여 본 상담자와 공통된 종교적 이야기(기독교)로 공감대를 형성하였으며, 이후에 pt가 강한 애착을 보이는 손녀들에 대한 이야기로 초기상담을 진행하였다.

2) 클라이언트 정보

pt는 슬하에 1남(권진한, 56세), 1녀(권진아, 53세)를 두고 있으며, 남편은 1966년 갑작스러운 교통사고로 현장에서 사망하여 사별하게 되었다. 이후 생계유지와 자녀양육을 위해 홀로 경제활동을 시작하였으며, 수원시 ○○구에서 작은 포장마차를 운영하면서 생계를 이어 나갔다. pt의 두 자녀는 결혼 후 출가하였으나, 큰아들의 결혼생활은 그리 오래가지 않았다. 유통사업을 크게 운영하던 큰아들은 동료의 사기로 한순간에 사업이 망하게 되면서, 큰 충격으로 오랜 기간 방황하다가 도박과 게임에 빠지게 되었다. 이후 큰아들은 급격한 경제적 어려움을 겪게 되면서 pt가 지속적으로 경제적인 도움을 주었지만, 계속되는 큰아들의 일탈로 큰며느리가 가출을 하였다. 이에 2002년경 pt는 큰아들과 2명의 손녀와 함께 18평 남짓의 전세 아파트에서 함께 거주하게 되었다. 그러나 큰아들의 도박 중독은 pt와의 동거 후 정도가 더 심해졌으며, 10년 전 pt의 명의로 900만 원 이상을 대출받아 탕진 후 어린 두 손녀를 두고 가출하여 현재까지 연락두절인 상태이다. pt는 상담 도중 큰아들에 대한 원망과 불신을 보이며, “내가 배 아파 낳았지만, 이젠 내 아들이 아니다."라는 말을 반복하며 큰아들에 대한 부정적인 감정을 보였다. pt는 남겨진 두 손녀를 위해 밤낮으로 포장마차를 운영하며 생계를 유지했으며, 두 손녀도 방과 후 pt의 식당일을 도와줄 만큼 pt와의 큰 애착을 보였다. pt의 둘째 딸은 현재 남편(김민권, 58세)과 슬하에 한 명의 아들(김재환, 18세)이 있으며, pt와는 종종 전화로 근황을 전한다고 한다. 현재 중국에서 사업을 하고 있는 남편을 위해 온 가족이 중국에서 함께 거주하고 있으나, 둘째 딸 역시 경제적으로 풍족한 형편이 아니며, 사업 소득이 높지 않아 pt를 경제적으로 도와주지 못하고 있다. pt가 투병으로 인해 둘째 딸에게 의료비 애기를 꺼내자 신경질적인 모습을 보였으며, 그 모습을 본 pt는 둘째 딸에 대한 미움과 서운한 감정이 생겼지만, '딸에게 아무것도 해준 게 없는 못된 엄마'라고 자책하며 둘째 딸에 대한 양가감정을 보였다.

pt는 2013년 일하던 도중 우측 수부가 점점 부어오르고, 저린 느낌이 들어 로컬 병원에 방문하였으며, '상세불명의 결합 및 연조직의 악성 신생물(육종암)'을 진단받아 전완부의 종양 제거 및 전이재발 가능성을 차단하기 위해 절단술을 시행하였다. 갑작스러운 신체 절단으로 인해 큰 상실감과 우울 증세를 보였으나, pt의 회복을 간절히 바라는 두 손녀를 위해 빨리 회복해야겠다는 일념 하나로 그동안 모아둔 예금을 사용하면서 수술을 진행하였다. 그러나 연골육종의 폐 전이로 또 한 번 양측 폐 전이 절제수술을 시행하면서 그동안 모아둔 예금을 모두 소진하였다. 이에 pt는 평생을 모은 돈을 치료비로 사용하게 되면서 심각한 우울 증세를 보였으나, 이때에도 pt의 건강만을 생각하는 두 손녀의 존재로 빠르게 우울감에서 회복할 수 있었으며, 다시 한 번 건강회복을 위해 노력했다고 한다. 그러나 2015년 pt는 장기적 수술로 인해 경제활동을 중단하게 되면서 생계의 어려움을 느끼게 되었고, 전완부 절단으로 인해 장애판정을 받으면서 2015년 말, 장애와 암 치료로 인한 근로의 어려움이 인정되어 기초생활수급자로 전환되었다. 이후 pt는 지속적인 항암치료 권유로 6차 항암치료까지 진행하였으나, 급격한 신체 악화와 장기적 요양 및 지속적인 치료적 처치의 필요성으로 본 센터에 의뢰되어 입원하게 되었다. 그러나 최근 어깨와 쇄골 부분에 암 전이가 의심된다는 의료진의 소견으로 수술을 권유받았으나, pt는 더 이상의 수술을 거부하고 있는 상태로 복잡한 심리 · 정서적 우울 상태를 보이고 있다. 가장 큰 이유는 pt의 두 손녀의 존재로, pt의 입원 후 두 손녀는 월셋집(월 10만 원)에 거주하고 있으며, 큰 손녀(권민아, 23세)는 pt의 간병과 생계비 및 의료비 마련을 위해 휴학한 상태로 매일 아르바이트를 하면서 pt의 비급여 부분 의료비를 내고 있다. 둘째 손녀(권민지, 18세)는 고등학생으로 학업에 열중하고 있으나, 주말마다 내원하여 pt의 간병에 힘쓰고 있다. 이러한 두 손녀의 희생은 pt에게 삶에 대한 희망을 주었던 존재였으나, 최근 암 전이의 소식으로 pt는 다시 한 번 큰 상실감과 좌절감에 빠지게 되면서 두 손녀에 대한 죄책감으로 심리 · 정서적 문제를 보이고 있다.

연습과제

1) 담당 사회복지사가 제안하는 토론

pt는 현재 세 번째 암 전이 의심 소견을 받았으며, 현재 주치의로부터 수술을 권유받은 상태이다. 그러나 pt는 과거의 두 번의 암 전이로 장기적인 수술과 전완부 절단, 6차 항암치료 및 방사선 치료로 신체가 쇠약해진 상태이며 수술로 인해 그동안 모아둔 예금을 소진하여 경제적 어려움과 마주하게 되었다. 또한 자신을 위해 희생하는 두 명의 손녀에 대한 죄책감, 수술 후 회복에 대한 의심 등 복합적인 심리 · 사회적 문제로 수술을 거부하고 있는 상태이다.

사회복지 윤리강령 중 '생명존중의 원칙'이 있다. 이에 본 상담자는 그 원칙에 의거하여 pt의 생명의 존엄함을 알리며 수술을 권유하고, 다양한 후원과 암 환자 의료지원사업 등 공공, 민간의 의료비 지원 사업을 안내하여 pt에게 치료를 권유하고 있으나, pt는 '자기결정권'의 권리 행사를 주장하고 있다. 이때 우리는 윤리적 딜레마와 마주하게 된다. 사회복지사 입장에서 어떻게 대처해야 할까?

2) 역할극

접수(intake) 단계에서 사회복지사가 클라이언트에게 서비스 참여를 설득하고 이에 클라이언트는 처음에 저항하다가 나중에 참여하겠다고 결정하는 장면에 대해 역할극을 실시하시오. 역할극을 본 후 학생들은 소감을 나눈다.

3) 사정

동료와 함께 클라이언트를 사정하시오. 생태도를 그리거나 수업에서 배운 다양한 이론을 활용해서 해석하고 기록한다.

4) 모의 사례회의

담당 사회복지사가 나와서 모의 사례회의를 진행하시오.

5) 실천기술 적용

어떤 실천기법, 실천기술, 실천모델을 활용해서 개입하면 좋을지 제안하거나 실천기술이 활용되는 장면에 대한 역할극을 수행하시오.

사정 노트

사례 10

알코올 중독 어머니와 사는 지적장애인

기관소개

1) **기관명**: 시흥장애인종합복지관

2) **역사 및 사업특징**: 시흥장애인종합복지관은 2004년에 개관하고 2015년 시흥시장애인보장구수리센터를 개소하여 추가 운영하고 있으며 존중, 자립, 신뢰의 세 가지 핵심가치를 기반으로 시흥시 장애인들의 생애주기별 또는 장애특성별 서비스를 제공하고 있다.

본 복지관은 상담사례지원팀, 기능향상지원팀, 운영기획팀, 직업지원팀, 가족문화지원팀, 지역권익옹호팀, 주간보호센터, 장애인활동지원센터가 있으며 제공하고 있는 사업은 크게 기초상담 및 진단, 치료바우처(음악, 언어, 미술) 사업,[12] 재활치료(물리, 언어, 음악, 작업), 장애인 이동지원, 직업훈련 및 고용지원, 문화여가/스포츠활동 지원, 평생교육프로그램, 재가복지서비스, 아동주간보호,

12) 바우처(voucher): 정부가 수요자에게 지급한 쿠폰을 말하며 서비스를 이용할 수 있는 증서이다. 수요자는 공급자를 골라서 바우처 카드를 사용하며 서비스 공급자는 사용된 쿠폰을 통해 정부의 재정 지원을 받는다. 여기서 수요자는 이용인이며 공급자는 복지서비스기관이라 할 수 있겠다.

장애인 활동지원 서비스, 생활도우미 사업, 후원, 권익옹호사업 등이 있다.

보장구수리센터의 경우 장애인들의 제한적인 이동 여건을 해결하고자 현재는 장애인들의 보장구를 어디서든 수리 받을 수 있는 출장수리 서비스를 진행하고 있다.

이용시설인 시흥장애인종합복지관은 상담을 통한 클라이언트 욕구, 공공기관 사례의뢰, 관 사례회의를 통해 나온 문제를 해결할 수 있도록 앞서 설명한 관내 서비스를 적절히 제공하며 관내 해결이 어려운 경우 유관기관과 연계하여 클라이언트 문제 및 욕구를 해결하고 있다.

지역사회 특징

시흥시는 권역별로 구분이 되어 지역주민 간 결집력이 비교적으로 강하게 나타난다. 정왕권, 연성권, 소래권으로 크게 나누어져 있으며 권역 내외적으로 다양한 자원을 교류할 수 있다.

서비스, 사례, 정보 등을 공유하고 연계, 교류할 수 있는 기관 스펙트럼이 넓으며 평생학습 도시로 선정되어 지역의 평생학습을 적극적으로 활성화하고 있다. 시흥시 등록 장애인 수는 약 16,000여 명으로 전국 장애인 수의 약 0.6%가 생활하고 있다. 경기도 31개 시 중에서는 약 3.2%의 장애인이 생활하고 있는데 12번째로 장애인구가 많은 도시로 그에 따른 복지분야 유관기관들이 많이 설치

되어 있다.

시흥시는 인천, 광명, 안양, 안산과 모두 인접해 있어 서비스 및 사례 연계, 정보 교류 등이 활발하게 이루어진다. 시흥장애인종합복지관이 위치한 지역은 시흥시 내에서 사회복지 관련 시설이 다수 설치되어 있으며 장애인뿐만 아니라 저소득 가정, 다문화 가정, 독거장애인, 노인장애인이 많이 거주하고 있다. 추가적으로 17년도 지역 내 임대아파트가 들어섬에 따라 저소득 장애인 이동 및 인구가 증가하였고 그에 따른 복지서비스가 증가되어야 하는 상황이라 정기적으로 공청회가 진행되고 있다.

시흥시는 장애인 전문체육에 대한 관심이 크며 장애인들이 각종 스포츠 분야(총 16개 종목)에서 원활하게 활동할 수 있도록 적극적으로 지원하고 있다. 관내 17개 행정동의 지역 장애인을 대상으로 주민 센터와 연계하여 사례관리 및 서비스를 제공하고 있으며 지역사회 자원으로는 시흥시 1% 복지재단, 한국마사회, 정왕푸드뱅크, 지역아동센터 등과 공공기관으로 시흥시특수교육지원센터, 시흥장애인자립생활센터(IL센터), 동주민센터, 시흥시종합자원봉사센터, 시흥시장애인체육회 등이 있고, 유관기관으로 거모종합사회복지관, 대야종합사회복지관, 목감종합사회복지관, 작은자리종합사회복지관(신천동), 정왕종합사회복지관, 함현상생종합사회복지관, 시흥시노인종합복지관, 벽진원(생활시설), 평안의집(생활시설), 비전하우스(생활시설), 시흥시장애인보호작업장 등이 있다.

클라이언트 체계

1) 의뢰 과정

시흥시 △△공업고등학교 특수교사의 의뢰로 시작된 사례로, 클라이언트 김철수(남, 21세)는 지적장애 2급인 고등학생이었다. 초기에는 특수교사가 클라이언트에게 맞춤형 생활도우미 연계를 위하여 시흥시특수교육지원센터에 지원 가능여부를 확인하였지만 특수교육지원센터는 지원하고 있지 않은 사업이기 때문에 본 복지관(시흥장애인종합복지관)에 사례를 재의뢰하여 맞춤형 생활도우미 사업 연계 가능 여부를 확인할 수 있도록 하였다. 초기에 단편적으로 본 상황에서의 욕구사항은 클라이언트 어머니가 찰과상으로 인한 뇌출혈로 중환자실에 입원하게 됨에 따라 클라이언트에게 일상생활 지원을 위한 맞춤형 생활도우미 긴급지원을 의뢰했고, 담당자는 구체적인 생활 상황을 확인하기 위해 방문상담을 하였다.

사회복지사는 특수교사에게 사전 정보를 간략하게 들은 뒤 방문을 위해 클라이언트의 집에 전화를 하였으나 받지 않았다. 병원에 있는 어머니에게 전화를 하여 서비스 연계를 위한 가정방문상담을 진행해도 되는지 여쭤본 뒤 사전 동의를 구하고 방문하였는데 집에 들어서기 무섭게 알코올 냄새가 코를 찔렀다. 가득히 쌓인 술병과 정리되지 않은 집안, 강아지 배설물과 쓰레기는 며칠을 방치해 두었는지 심한 악취를 내뿜었다. 클라이언트는 인지와 기능은 좋고 의사소통이 가능하지만 간단한 정리 외에는 학교생활을 하면서 집안일을 할 수 없는 상황이었고, 설상가상 모가 입원함에 따라 더욱이 가사를 해결할 수 없는 상황이었다. 이에 따라 담당자는 맞춤형 생활도우미를 긴급지원하게 되었다.

하지만 파견 2개월이 지난 후 서비스 담당자는 생활도우미로부터 아동학대(방임)가 의심된다는 보고를 받았다. 클라이언트의 문제는 단순히 생활도우미만 지원하여 해결할 수 있는 것이 아니었으며 복합적인 문제를 가지고 있었다.

2) 클라이언트 정보

맞춤형 도우미는 "클라이언트가 지적장애를 가진 학생이라 복잡한 집안일은 전혀 하지 못하는데 매일 술을 먹는 어머니 때문에 내가 없을 때는 집안청소가 전혀 되고 있지 않고, 어머니 또한 우울증으로 10년간 병원 치료를 받고 있다."라고 보고하였다. 사회복지사는 정확한 정보를 알기 위해서 맞춤형 도우미 사업 담당자와 함께 방문을 계획하였고, 경계를 낮추기 위하여 클라이언트와 라포가 형성된 생활도우미도 함께 방문하였다.

클라이언트는 학교의 특수학급 수업을 일찍 끝내고 온 상태였으며 클라이언트의 어머니는 마른 체격으로 영양상태가 좋지 않아 보였다. 그날도 여전히 집안 곳곳에 술이 있었다. 생활도우미는 클라이언트의 어머니가 알코올성 치매와 우울증으로 약을 복용하고 있는데 전혀 변화가 없다고 하면서 클라이언트에게 알아듣지 못하는 말을 하거나 '나가' '잠이나 자라'는 소리를 많이 하여 클라이언트가 많이 힘들어하고 있다고 하였다.

클라이언트는 지적장애를 가지고 있지만 스스로 등교 준비를 하고 혼자 밥을 차려 먹거나 혹은 편의점에서 식사를 하고 등교하는 것은 가능하다고 하였다. 저녁에 출근해서 새벽에 귀가하는 일을 하고 있는 클라이언트의 어머니는 클라이언트에게 밥을 거의 챙겨주지 못하고 있는 상황이었다. 비위생적인 집안 환경과 규칙적이지 않은 식생활로 인해 현재 클라이언트는 기관지 건강 및 영양상태가 좋지 않았다. 클라이언트에게 하루 일과가 어떻게 되는지 물어보자 학교와 집 말고는 가는 곳이 없으며 교류하고 있는 주변인 또한 전혀 없다고 하였다. 그러면서 클라이언트가 말하길 '엄마가 이전에 내가 등교를 한 뒤에 가출을 했다고 생각하고 경찰에 신고한 적이 있다.'고 흥분을 하면서 '복지관이나 어디든 엄마가 없는 집 밖에서 재밌고 신나는 것을 하고 싶다.'고 말하였다.

클라이언트는 자신이 하고 싶고, 생각하는 것이 있지만 표현이 되지 않아 답답함을 느끼는 모습도 잠깐씩 볼 수 있었고 또한 클라이언트의 어머니의 행동이 클라이언트에게 스트레스 및 정신적으로 많은 영향을 끼치고 있는 것도 볼 수 있었다. 예전에 클라이언트는 학급 친구와 교사에게 욕설을 하여 지도를 받은 경험이 있었다고 하면서 정신과 치료를 위해 입원을 하여 학업을 2년 유예하였고 현재는 21세의 나이에 고등학교를 다니고 있다고 하였다. 본래 성격이 소극적이고 조용한지에 대해 물었지만 클라이언트는 알아듣지 못하였는지 '모르겠다.'라는 말만 되풀이하였다. 이에 옆에 있던 생활도우미가 말하길 클라이언트가 예전에 성격이 어땠는지는 모르겠지만 현재는 말이 없고 소극적인 모습만 보여 본인과도 소통이 잘 되지 않는다고 하였다.

클라이언트의 가정은 가족들과 거의 단절된 상황이었다. 이전에 클라이언트의 어머니가 클라이언트의 할아버지에게 수급자 신청을 위한 도장을 찍어 달라고 서류를 가지고 갔다가 그 자리에서 찢어 버리며 나가라는 소리를 들었고 이후 현재까지 수급자 신청을 하지 못하고 있다고 하였다. 그렇다면 클라이언트는 어머니와 경제적으로 어떻게 생활하고 있는지 물어보았는데 부채는 없지만 근로수입 약 80만 원을 가지고 월세방(50만)에서 살고 있다고 하였다. 생활비는 월세와 클라이언트 어머니의 술값으로 거의 모두 나가고 간단한 식사를 위한 반찬재료 구입에 나머지 돈을 쓰며 저축은 전혀 하지 않는 상황이었다.

클라이언트의 아버지는 클라이언트의 어머니와 이혼 후 연락이 단절되었으며, 양육비도 받고 있지 않는 상황이었다. 그나마 관계를 맺고 있는 외삼촌의 말에 의하면 클라이언트 가족들은 클라이언트 어머니의 알코올에 의존하는 생활 때문에 대화를 거부하고 완전히 단절된 상황이며, 클라이언트의 외할아버지는 암 투병으로 클라이언트를 돌봐주지 못하는 형편이었다. 이 상황에 클라이언트의 어머니는 유기견을 주워 와 키우고 있으며, 배식이나 애완견의 배변훈련이 되지 않아 이불에 배변이 그대로 방치되고, 관리가 전혀 되지 않는 상황이었다.

며칠 뒤 사회복지사가 클라이언트 재상담을 위하여 다시 집을 방문하였을 때, 클라이언트의 어머니는 비틀거리며 중심을 잡지 못하고 넘어지는 모습을 계속해서 보여 휴식을 취하게 하였고 클라이언트는 심도 깊은 의사소통이 불가능했기에 어쩔 수 없이 기관으로 다시 돌아왔다. 이후 유선을 통해 생활도우미와 어머니에게 현재 필요로 하는 것이 무엇인지 물었지만 경제적인 지원이 가장 필요하다는 답변만 돌아왔다.

정리해 본 결과, 클라이언트는 어머니와 함께 생활을 하기에 경제적인 부분이 가장 어렵고 현재 어머니의 알코올 의존 및 정신적인 문제로 인해 클라이언트의 심리적인 부분에 부정적 영향을 끼치고 있다. 또한 가정 내 생활은 전혀 정상적이지 않았고 클라이언트의 건강에도 문제가 발생할 위험이 컸다. 현재 강점으로 보았을 때 클라이언트는 지적장애 2급으로 지시 수용이 가능하고 학교생활은 열심히 하면서 무엇이든 외부 활동을 하고 싶다는 의지를 가지고 있었다. 클라이언트 스스로 일상생활의 수행 및 대중교통 이용이 가능하였고 유일하게 클라이언트의 외삼촌이 현재 가족에게 우호적이고 협조적인 태도를 보이고 있다는 것이다.

연습과제

1) 담당 사회복지사가 제안하는 토론

① 클라이언트의 일상생활 지원과 더불어 클라이언트 어머니의 건강, 심리 상황에 대한 개입까지 필요한 상황이다. 클라이언트의 원활하지 않은 사회생활과 클라이언트의 어머니의 알코올 의존에 따른 클라이언트에게 가해지는 부정적 영향, 비정상적인 가정생활, 경제적인 어려움, ADL 훈련 등 여기서 클라이언트에게 가장 우선순위로 개입해야 할 상황은 어떤 것인가?

② 클라이언트에게 심리적으로 영향을 끼치고 있는 가장 큰 부

분은 클라이언트의 어머니이다. 어머니는 경제활동을 전혀 하지 않는 것은 아니지만 알코올 의존으로 인해 발생하는 부수적 상황들이 현재 클라이언트의 상황을 악화시키는 것이라고 볼 수 있다. 그렇다면 이를 해결하기 위한 자원 연계 방안이 있다면 무엇일까?

2) 역할극

사회복지사가 클라이언트에 대한 자료를 수집하기 위해 다양한 질문을 하는 장면에 대해 역할극을 실시하시오. 역할극을 본 후 학생들은 소감을 나눈다.

3) 사정

동료와 함께 클라이언트를 사정하시오. 생태도를 그리거나 수업에서 배운 다양한 이론을 활용해서 해석하고 기록한다.

4) 모의 사례회의

담당 사회복지사가 나와서 모의 사례회의를 진행하시오.

5) 실천기술 적용

어떤 실천기법, 실천기술, 실천모델을 활용해서 개입하면 좋을지 제안하거나 실천기술이 활용되는 장면에 대한 역할극을 수행하시오.

사정 노트

사례 11

성매매를 하는 가출 청소년

기관소개

1) **기관명**: 인천광역시 일시청소년쉼터 꿈꾸는별(고정형)[13)]

2) **역사**: 항공사에는 '90초룰'이 있다고 한다. 비상상황이 발생하면 90초 내에 승객들을 기내에서 탈출시켜야 한다는 것이다. 이를 '골든 타임(Golden Time)'이라고 한다. 가출청소년들에게도 '골든 타임'이 있는데, 가출 후 7일 이내 구조 또는 위기개입(보호와 상담)을 할 경우 비행에 빠질 확률이 현저히 줄어든다. 이에 '인천광역시 일시청소년쉼터 꿈꾸는별(이하 일시쉼터 꿈꾸는별)'은 가출 또는 위기에 처한 청소년을 구조하고 즉각적인 위기개입을 위해 2009년 4월 개소하였다. 처음 3년은 이용시설로 운영되었는데, 가출청소년을 구조하기 위한 '아웃리치'와 위기상황에서 대처할 수 있는 '가출예방교육' 등을 실시하였다. 하지만 급변하는 시대에 따라 가출청소년들의 다양한 가출 유형, 남녀 동반 입소의 욕구와

13) 일시청소년쉼터는 크게 두 가지 유형으로 나뉜다. 이동형은 차량에서 24시간 이내의 일시보호를 하고, 고정형은 야간보호인력을 배치하여 7일 이내의 일시보호를 한다. 단, 이동형 일시쉼터가 별도의 야간보호시설 및 인력을 갖춘 경우에는 고정형 일시쉼터와 같이 7일 이내 보호가 가능하다(여성가족부 2017년도 청소년사업 안내 참조).

'가출팸'이라는 새로운 형태의 가출청소년집단이 나타나는 등 쉼터의 기능과 역할에 대한 새로운 필요들이 나타났다. 여성가족부는 이에 대한 대안으로 '일시쉼터'에 야간보호기능을 추가하고 '남녀 동반' 입소가 가능한 준생활시설로 운영방식을 변화시켰다. 이에 이용과 생활시설이 혼합된 '일시쉼터'의 운영을 위해 일시쉼터 꿈꾸는별은 인천 구월동에서 인천 연수동으로 기관 이전을 하였고, 가출 청소년들의 특성과 욕구에 부합할 수 있도록 있도록 운영하기 시작했다.

3) **주요사업**: 일시쉼터 꿈꾸는별의 주요사업은 다음과 같다. 첫째, 거리의 위험상황에서 발굴한 위기청소년에게 7일 이내의 보호서비스(음식제공, 샤워 및 세탁 · 이미용 등의 위생서비스, 피복제공, 의료서비스, 휴식제공 등)를 제공하고, 성 · 약물 · 노동인권 · 범죄 등 거리생활의 위험으로부터 청소년들이 스스로를 보호할 수 있도록 거리위험대처 교육 및 상담을 실시한다. 둘째, 가출 및 위기청소년에 대한 적극적 발견 활동과 조기개입을 통해 가출의 장기화를 예방하고자 찾아가는 거리상담 활동을 하며, 지역사회 청소년들의 가출 예방을 위한 초 · 중 · 고등학생 대상 가출예방교육을 실시한다. 셋째, 청소년을 사회체계와 연결(사회안전망 확보)하기 위해 청소년의 욕구와 상황에 맞게 필요한 보호기관 및 청소년 관련기관으로 연계하고, 가정 복귀를 위해 필요한 서비스(교통비 등)를 제공하고 중재역할을 한다. 또한, 청소년의 진로, 취업, 생활정보, 문화생활 등 유용하고 다양한 정보를 제공한다. 일시쉼터 꿈꾸는별은 인천시 관내에 위치하고 있으나, 가출 · 위기청소년이라면 청소년

이 살고 있는 지역과 상관없이 9~24세까지의 남 · 여 청소년이 모두 이용할 수 있다. 일시청소년쉼터는 청소년의 근본적인 문제해결을 돕는 것이 아니라 시급한 필요를 충족시키고 안정된 보호체계로의 연결에 주된 초점을 두기 때문에, 청소년의 욕구와 상황에 맞게 필요한 보호기관 및 청소년 관련기관으로 연계한다.

지역사회 특징

인천시에는 2개소 일시청소년쉼터, 2개소 남자단기청소년쉼터, 2개소 여자단기청소년쉼터, 1개소 남자중장기청소년쉼터, 1개소 여자중장기청소년쉼터로 총 8개의 청소년쉼터가 있다. 이 외에도 청소년 관련기관으로 청소년상담복지센터, 청소년학교밖지원센터, 청소년자립지원관, 청소년자활작업장 등이 위치하고 있어 청소년을 사회체계와 연결할 수 있다. 그러나 청소년들의 거주지역이 쉼터가 위치하고 있는 인천에만 국한되지 않기 때문에, 청소년들의 상황 및 욕구에 따라, 또한 보호자가 있을 경우 보호자의 동의하에 거주 지역 인근의 사회체계와 연결하기도 한다. 즉, 공간적 의미의 지역사회보다는 기능적, 개인적 지역사회의 접근에 초점이 맞춰져 있다.

클라이언트 체계

1) 의뢰 과정

클라이언트 김정희(18세, 여)는 본 기관을 이용하고 있던 아는 동생의 소개로 최초 이용하게 되었다. 고정형 일시쉼터의 경우, 가출청소년 또는 거리위기청소년들이 필요한 서비스만을 자유롭고 편안하게 이용하고 이용이 끝나면 바로 관계가 종료될 수 있기 때문에 정희는 최초 이용 시 자립지원프로그램 1회만 참여하였다. 당시 정희는 단순하게 일시쉼터 꿈꾸는별에 놀러온 것이었기 때문에, 가명을 사용하는 등 자신의 정보들을 솔직하게 얘기하지 않았다. 이후 자주 놀러오기 시작하면서 본 기관 상담원들과 라포를 형성해 감에 따라 재사정하게 되었다.

2) 클라이언트 정보

김정희는 친부모(부: 김현진, 48세, 모: 이사랑, 48세), 동생(김남일, 16세, 남)과 함께 서울에서 살고 있으며, 친부모는 동네에서 작은 식당을 함께 운영하고 있다. 경제적인 어려움은 없으며, 늦게 끝나는 식당일로 인해 정희와 남동생은 주로 근처에 살고 있는 조모(최문자, 68세)가 돌봐줬다. 이에 정희는 부모님보다는 조모와 더 친밀했으며, 친구처럼 편하고 가깝게 잘 지냈다.

정희는 고등학교 입학 이후 학업에 흥미를 느끼지 못하고 친구들과의 관계 형성의 어려움으로 학교에 가고 있지 않으며(현재 무단결석 약 40일 정도), 담임선생님과 연락만 하고 있다. 유급이 되면 자퇴 후 검정고시를 볼 계획을 가지고 있다.

학교를 나가지 않기 시작하면서부터 페이스북을 통해 알게 된 친구들을 만나면서 가출을 반복적으로 하고 있다. 가출하게 되면 주로 아는 사람 집에서 지내거나 밖에서 밤을 지새우는 경우가 많았고, 타 지역 일시 · 단기 · 중장기청소년쉼터에 가기도 했었다. 그러나 대인관계의 어려움, 청소년쉼터 부적응(규칙 미준수 등) 등으로 1개소 기관당 약 1개월을 지내지 못하고 퇴소하는 경우가 많았다. 주로 서울, 경기도 쪽에서 지내다가 인천에 아는 사람을 만나러 오게 되면서 일시쉼터 꿈꾸는별을 이용하게 되었다.

친부모는 정희가 가출을 해도 집에 자주 드나들기 때문에 실종신고도 하지 않고, 전혀 관심이 없다. 정희는 집이 답답하고 친구들과 노는 것이 재밌어서 집에 들어가지 않는다고 하지만, 정확한 상황을 파악하기 위해 부모와 연락을 시도하였으나 잘 되지 않아서 부모의 정확한 정보, 현재 정희가 왜 집에 들어가지 않는지, 앞으로 정희가 어떻게 지내는 것이 좋을지 등에 대한 논의를 부모와 전혀 할 수 없는 상황이다. 조모는 연세가 많아 현실적으로 정희를 돌보기 어려운 상황이며, 정희는 가출을 하면서부터 조모에게 죄송한 마음이 많이 들어 연락을 하거나, 찾아간 적은 없다.

가끔 집에 들어가면 친부모에게 조금씩 용돈을 받기도 하지만, 주로 청소년쉼터에서 알게 된 친구들과 성매매를 해서 돈을 벌어 사용했으며, 본 기관에서 이 사실과 관련하여 경찰서에 신고하려고 했으나 현장검거를 해야 하는 등 현실적인 어려움들이 많아 어떠한 조치도 취할 수 없는 안타까운 상황이다. 다른 범죄에는 노출

되지 않아 보호처분을 받은 이력은 없다.

본 기관을 자주 이용하기 시작하면서부터 약 1년 정도 되어가는 가출 생활, 성매매 경험 등에 대해 회의감이 들기 시작해서 안정적인 곳에서 잘 지내고 싶은 생각도 들지만, 과연 스스로가 잘 지낼 수 있을까 하는 두려움이 앞서 어떤 것도 결정 내리지 못하고 있다. 결국 집에서 잘 지내려고 해봐도 부모님이 본인한테 관심이 없어서 아무래도 또 다시 친구들을 찾아 밖에 나올 것만 같은 생각이 든다고 자주 얘기한다.

밝고 유쾌하고 긍정적인 성격으로 친구들이 처음에는 정희를 많이 좋아하지만, 친해질수록 예민하고 우울한 성격 탓에 친구들이 조금씩 멀어지려고 한다. 이런 갈등으로 인해 친구들과 관계를 오래 지속하지 못하고 계속해서 새로운 친구를 사귀는 경우가 많고 단기·중장기청소년쉼터에서도 갈등 상황에 많이 놓이게 된다. 본 기관에서는 규칙도 준수하고, 실무자들과 잘 지내며 크게 문제 행동을 보이지는 않지만, 정희의 여러 상황을 고려해봤을 때 쉼터 내 다른 청소년들과 친밀하게 지내는 것이 좋지 않을 것 같아 최대한 관계형성을 하지 않도록 관리하고 있다. 현재 우울을 자주 호소하며, 무기력하고 삶에 흥미를 느끼고 있지 못하다. 우울증을 앓고 있어 약을 복용해야 하나 현재 병원에 가지 않아 어떠한 치료도 받고 있지 않다.

연습과제

1) 담당 사회복지사가 제안하는 토론

정희의 상황을 고려했을 때, 안전한 보호체계로의 연결이 매우 시급한 것으로 보이나, 부모와 연락이 닿지 않는다는 점, 또한 가장 중요하게 정희가 상황을 회피하고 있는 것들을 봤을 때 본 기관에서 어떻게 하는 것이 좋을까?

2) 역할극

클라이언트가 비자발적인 성격을 지니고 있음을 가정하고, 사회복지사가 자료수집을 위해 다양한 질문을 해도 제대로 답변하지 않는 클라이언트를 만나고 있는 장면에 대해 역할극을 실시하시오. 역할극을 본 후 학생들은 소감을 나눈다.

3) 사정

동료와 함께 클라이언트를 사정하시오. 생태도를 그리거나 수업에서 배운 다양한 이론을 활용해서 해석하고 기록한다.

4) 모의 사례회의

담당 사회복지사가 나와서 모의 사례회의를 진행하시오.

5) 실천기술 적용

어떤 실천기법, 실천기술, 실천모델을 활용해서 개입하면 좋을지 제안하거나 실천기술이 활용되는 장면에 대한 역할극을 수행하시오.

사정 노트

사례 12

경제적 어려움과 가족불화로 울음을 터트린 어머니

기관소개

1) **기관명**: 오산종합사회복지관 오산시무한돌봄북부네트워크팀

2) **역사 및 사업특징**: 오산종합사회복지관은 오산시 지역사회복지 욕구와 문제를 해결하고 소외계층 보호 및 지원, 주민 · 지역 중심의 참여 복지를 구현하는 가족공동체와 사회복지를 구축하기 위하여 설립된 오산시 최초의 종합사회복지관으로 2005년에 개관하였다. 오산종합사회복지관은 크게 복지관의 3대 주요 기능사업으로 사례관리기능, 서비스제공기능, 지역조직화기능과 특화사업(오산시무한돌봄북부네트워크팀, 노인돌봄기본서비스 사업, 독거노인응급안전알림서비스 사업)을 운영하고 있다.

무한돌봄사업은 2008년 11월 시작된 경기도의 자체 복지사업으로, 정부의 '긴급복지 지원제도'의 사각지대를 보완하고 위기가정에게 경제적 지원 및 사례관리를 제공하여 위기 상황을 극복할 수 있도록 돕는 사업이다. 오산시에서는 2010년 3월 오산시무한돌봄센터를 개소하여 북부와 남부 2개의 권역으로 나누었고 이 중 북부네트워크팀은 오산종합사회복지관에서 위탁받아 운영 중에 있다.

지역사회 특징

오산시는 철도, 고속도로, 국도가 통과하는 교통의 요충지로 금융 · 상업 · 제조업 등 중 · 대형 공장들이 주변에 위치해 있다. 세교신도시 개발로 인해 상위생활권과 하위생활권이 나누어져 소외된 계층이 집중적으로 생활하는 곳이 생겨나 '지역불균형' 현상이 나타나는 도 · 농 · 공의 복합지역이다. 오산종합사회복지관은 오산시 내 24개의 법정동 중 7개의 법정동을 관리하고 있다. 관리하는 법정동 중 일부 지역은 교통편이 열악하여 사회복지기관에 대한 접근성이 떨어지고 또 다른 일부 지역은 복지 사각지대인 원룸 밀집지역으로 복지관의 자원개발을 통한 서비스 제공이 절실히 필요한 지역이다. 오산종합사회복지관 인근에 위치한 지역사회 자원으로는 보건소, 스포츠센터, 고용복지플러스센터, 정신건강증진센터 등이 있으며 이 외의 자원으로 드림스타트, 청소년상담복지센터, 건강가정지원센터, 다문화가정지원센터, 가정폭력상담소, 이주노동자센터, 이주여성인권센터, 노인상담센터, 경기서부노인보호전문기관, 장애인종합지원센터, 정신장애인 사회복귀시설 늘푸름, 법률홈닥터, 자원봉사센터 등이 있다.

클라이언트 체계

1) 의뢰 과정

클라이언트 이진영(45세, 여) 씨를 처음 만나게 된 계기는 클라이언트가 거주하는 아파트 관리사무소로부터 의뢰가 들어오면서부터였다. 아파트 관리사무소 직원의 말에 의하면 클라이언트는 외부활동을 거의 하지 않고 집안에서만 주로 시간을 보내는 듯 보였으며 위층 주민이 부재중일 때도 층간소음으로 괴롭다며 하루에도 4~5번씩 전화로 민원을 제기하고 있다고 하였다. 그리고 심할 때는 방망이를 들고 올라가 위층 주민을 위협하고 있다고 하였다. 담당자는 정확한 사정을 위해 현장 확인이 필요하다고 생각하였고, 가정방문 전 대상자에게 가정방문 가능여부에 대하여 사전에 동의를 구하였다. 첫 전화상담에서 클라이언트는 누구냐며 경계심을 보였으나 오산시무한돌봄북부네트워크팀의 사례관리사이며 클라이언트에게 도움이 필요하다는 의뢰를 받아 지원가능 서비스 유무에 대해 검토해 보기 위해 가정방문을 하고자 함을 설명하자 방문상담에 흔쾌히 승낙하였다.

의뢰받은 다음 날 현장확인을 위해 약속된 시간에 가정방문을 하였고, 집에 도착해 방문했음을 알린 후로부터도 5~10분이 흘러서야 클라이언트 이진영 씨를 만날 수 있었다. 조심스레 집 안으로 들어가 클라이언트와 인사를 나누며 집을 둘러보았다. 도배 및 장판상태가 나쁘지는 않았으나 소파와 열린 방문 뒤로 보이는 침대 위에는 계절에 맞지 않는 옷들이 널브러져 있었으며 식탁과 바닥에는 무엇이 담겨있는지 알 수 없는 비닐봉지들이 수북이 쌓여 있어 발 디딜 틈도 없어 보였다. 거실에 앉아 처음 대면한 클라이언트의 모습은 무기력해 보였으며 다소 지쳐보였다. 담당자는 클라이언트가 겪고 있는 어려움 및 개인력, 현재 상황 등을 파악하기 전 다시 한 번 클라이언트를 돕고자 방문했음을 알리며 상담을 시작하였다.

2) 클라이언트 정보

이진영 씨가 거주하고 있는 곳은 남편과의 공동명의로 된 아파트였다. 도배・장판의 상태가 나쁜 것은 아니었으나 벽지가 일부 찢어져 있었고, 널브러져 있는 계절에 맞지 않는 옷가지와 정체를 알 수 없는 수많은 비닐봉지들이 수북이 쌓인 방안, 깨진 식기류와 먼지가 수북이 쌓인 베란다를 보면서 이진영 씨가 정리정돈을 포함하여 전반적인 가사활동에 어려움을 느끼고 있음을 알 수 있었다.

가족구성원은 이진영 씨를 포함하여 친정모(강미숙, 80세), 남편(최진우, 57세), 자녀 두 명(최정혁, 남, 17세/최우혁, 남, 15세)으로 5명이지만, 실질적으로 남편과 첫째 자녀가 1년 전부터 다른 곳에 거처를 마련하여 생활하게 되면서 3인 가구라고 하였다. 남편과 따로 생활하게 된 사유는 자녀들 간의 관계가 안 좋고, 남편이 술을 마시면 이진영 씨를 때리기 때문이라고 하였다. 따로 생활하는 가족구성원과 왕래를 하는지 물었을 때, 이진영 씨는 왕래는 하지 않으나 경제적 지원은 받아왔었다고 답변하며 갑자기

울음을 터뜨렸다. 그동안 주거는 분리해서 생활해도 지속적으로 남편이 경제적 지원을 해주었으나 한 달 전부터는 경제적 지원이 중단됐다고 하였다. 경제적 지원이 중단된 이후 근로활동을 하고자 하였으나 받아주는 곳이 없고 힘이 많이 드는 일은 일하고 난 다음날 아파서 집에 있어야 하므로 하고 싶지 않다고 하였다. 경제적 지원이 중단됨에 따라 공과금 납부와 휴대 전화 요금도 납부하지 못하게 되었고, 생필품 및 식재료도 제대로 구입할 수 없는 처지에 놓였다며 약 10분간 울음을 터뜨렸다. 경제적 지원이 없었던 한 달간은 어떻게 생활했는지 묻자 과거 친정모가 모아뒀던 돈으로 생계를 유지했지만 이마저도 모두 사용하여 앞으로의 상황이 막막하다고 하였다.

이진영 씨의 울음이 멈추지 않아 분위기를 환기시키고자 대화 주제를 변경하였다. 가족의 건강에 대해 묻자 이진영 씨의 친정모는 고령으로 인해 고혈압 및 당뇨를 앓고 있으며 근래에 이진영 씨의 근로문제로 다퉈 잠시 서울에 거주하는 이진영 씨 언니 집에 머무르고 있다고 하였다. 이진영 씨는 현재 감기약, 두통약, 수면제를 복용하고 있으며 그 외 친정모가 지어준 다른 약들도 복용 중에 있으나 이와 관련해서는 언급하기를 거부하였다. 수면제를 복용할 정도로 불면증이 심한지 묻자 밤낮 할 것 없이 발생하는 층간소음 때문이라고 하였고 층간소음을 얘기하며 위층을 바라보는 이진영 씨의 표정은 순식간에 짜증과 분노로 일그러졌다. 이진영 씨의 시선을 따라 올려다 본 천장에는 종잇조각들이 곳곳에 붙어 있었는데 무엇인지 묻자, 이진영 씨는 멋쩍게 웃으며 위층이 시끄러워 방망이로 쳐 자국이 났는데 보기 흉하여 종이를 잘라 붙였다고 답변하였다. 둘째 자녀(최우혁)의 건강은 양호한 편이나 최근 사춘기인지 본인에게 막말을 해 자녀와의 관계에 어려움을 느낀다고 하였다. 현재 따로 생활하는 남편과 첫째 자녀(최정혁)와는 왕래를 하지 않아 잘 모르겠지만 과거에는 자녀가 자기의 성기 사진을 찍어 SNS에 올린 적이 있었고, 최근에는 남편의 핸드폰으로 게임을 해 약 300만 원 가량의 비용이 나오는 문제가 있어 남편이 아들을 때린 적이 있다고 답하였다. 남편이 자녀를 자주 때리는지 묻자 함께 거주했던 당시에도 그런 일이 있었고, 이진영 씨 또한 자녀를 때렸다고 하였다. 이에 자녀를 때리며 훈육하는지 재확인하자 방금 답변과는 다르게 본인은 자녀를 때리지 않고 남편만 자녀를 때린다고 답하였다.

담당자가 어떤 도움을 주었으면 하는지 묻자 경제적 지원을 해주거나 본인을 취업시켜 주었으면 좋겠다고 하였고 금일 상담한 내용은 타인(가족 포함)에게 비밀로 하고, 남편과 자녀들에게도 연락하지 않았으면 좋겠다고 하였다.

연습과제

1) 담당 사회복지사가 제안하는 토론

① 클라이언트는 본인을 제외한 그 어떤 가족구성원과도 담당자가 대화하는 것을 꺼려하고 있다. 그러나 정확한 사정 및 지원가능 서비스를 검토하기 위해서는 남편 및 가족들과도 상담이 진행되어

야만 한다. 그러나 상담이 진행될 경우 클라이언트와의 라포가 깨질 위험이 매우 높은 상황이다. 이럴 경우 클라이언트의 의사를 배제하고 다른 가족구성원과 상담을 진행해야 하는 것일까?

② 상담 후 행정동 복지센터와 사례에 대한 정보를 공유하던 중 클라이언트가 과거 정신과 치료를 받은 이력이 있고, 정신과 검사 및 진료와 관련하여 얘기가 나올 시 극도로 거부하는 경향이 있음을 확인하였다. 과거 정신과 진료를 받았음에도 불구하고 상담 진행 시 본 클라이언트는 감정기복이 심하였고, 다소 폭력적인 성향도 있는 것으로 보였다. 클라이언트는 정신과 진료를 극도로 거부하고 있는데 담당자가 보기에는 정신과 검사 및 진료가 반드시 병행되어야 할 것으로 생각된다. 향후 클라이언트의 정신건강과 관련하여 어떻게 개입이 이루어져야 할지 고민스러운 바이다.

2) 역할극

사회복지사가 사정을 위해 클라이언트의 사회적 기능에 대해 질문하는 장면에 대해 역할극을 실시하시오. 역할극을 본 후 학생들은 소감을 나눈다.

3) 사정

동료와 함께 클라이언트를 사정하시오. 생태도를 그리거나 수업에서 배운 다양한 이론을 활용해서 해석하고 기록한다.

4) 모의 사례회의

담당 사회복지사가 나와서 모의 사례회의를 진행하시오.

5) 실천기술 적용

어떤 실천기법, 실천기술, 실천모델을 활용해서 개입하면 좋을지 제안하거나 실천기술이 활용되는 장면에 대한 역할극을 수행하시오.

사정 노트

사례 13

일탈행동으로 체벌받는 아동

기관소개

1) **기관명**: 굿네이버스 충남서부아동보호전문기관

2) **역사 및 사업특징**: 굿네이버스 충남서부아동보호전문기관은 2014년 8월 17일 개관하였다. 2000년도에 전면 개정된 아동복지법에 의해 설치된 아동보호전문기관(아동복지법 제25조)으로서 학대로부터 아동을 보호하여 아동의 권익을 증진시키고, 건강한 가정과 사회 속에서 아동이 행복하게 자랄 수 있도록 아동복지사업을 수행하고 있다. 주요 사업으로는 아동학대 신고접수 및 현장조사를 통한 위기개입과 학대피해아동 · 가족상담, 치료 등 전문적인 서비스를 제공하여 지역 아동보호시설 연계를 통해 아동의 안전을 도모하고 가정 복귀를 지원하고 있다. 또한 신고의무자 및 일반인을 대상으로 아동학대를 예방하기 위해 실무자 교육을 비롯하여, 아동, 부모, 교사 통합교육 프로그램으로 아동힘키우기서비스(CES)와 아동 성폭력 예방 인형극 및 아동권리에 대한 관심과 인식제고를 위한 캠페인을 전개하고 아동학대문제 해결을 위한 다각적인 대안모색을 위해 세미나를 실시하고 있다.

지역사회 특징

충청남도서부아동보호전문기관은 충청남도의 서부지역(서산, 태안, 보령, 청양, 홍성, 예산)을 관할하고 있으며, 홍성군 내포신도시에 위치하고 있다. 내포신도시는 도민통합과 균형발전을 위한 충남도청 이전을 계기로 조성되었다. 2007년 7월 20일부터 시행되었던 도시계획은 2020년 12월 31일 완공 예정이며, 충청남도의 행정타운 역할을 수행하는 내포신도시에는 충청남도청, 충남교육청, 충남지방경찰청 등 다양한 기관들이 위치하고 있다. 관할지역 내 아동(만 18세 미만)의 수는 8만 명으로 연간 200~300건의 아동학대 신고가 접수 되었고, 아동학대 신고 접수는 매년 큰 폭으로 상승하고 있다. 아동학대에 대한 조사와 학대 피해아동에 대한 사례관리를 진행하고 있는 아동보호전문기관의 주요 협력기관 및 활용 가능한 자원으로는 시군구 경찰서, 사회복지관, 학교, 청소년상담복지센터, 아동양육시설, 드림스타트 등 다양한 자원이 있다.

클라이언트 체계

1) 의뢰 과정

클라이언트는 김인성(14세, 남) 아동으로 하체에 멍이 든 것을 확인한 중학교 담임교사에 의해 2017년 4월 3일 112로 신고되어 본 기관에 통보된 사례이다. 피해아동은 2017년 2월경, 처음으로 핸드폰 게임 소액결제를 하게 되었고 약 한 달간의 누적 소액결제 금액은 50만 원 가량이 되었다. 친부모에게 소액결제 사실을 들키는 걸 두려워 한 피해아동은 핸드폰 명세서를 숨기고, 친부모에게는 명세서가 오지 않았다는 거짓말을 하였다. 이후 핸드폰 명세서가 오지 않는 것을 이상하게 여긴 친모는 직접 휴대폰 대리점에 방문하였고, 이로 인해 피해아동의 소액결제와 거짓말을 한 사실을 알게 되었다. 친모는 명세서 확인 후 바로 친부에게 이런 상황에 대해 이야기하였고, 친부와 친모는 체벌로써 피해아동을 훈육해야겠다는 이야기를 하고, 4월 2일 가정에서 친부가 피해아동의 하체를 효자손으로 50대 가량 때리는 체벌을 하였다.

2) 클라이언트 정보

피해아동은 외동아들로서 친부모의 사랑을 독차지하면서 성장하였다. 피해아동의 가정은 경제적으로 부유하지 못하지만 피해아동에게 필요한 것이 있다면 친부모는 무엇이든 지원해 주었다. 하지만 친부모의 맞벌이로 피해아동은 유년시절부터 종일반에 맡겨지거나 늦은 시간까지 학원을 다니는 등 친부모와 직접적인 소통을 하는 시간은 또래 친구들에 비해 많이 부족하였다. 친부모도 이와 같은 사실을 알고 피해아동에게 보다 많은 용돈을 주어, 친구들과 놀 수 있게 해 주었고 피해아동은 어린 시절부터 나이에 비해 큰 금액을 사용하게 되었다.

피해아동이 초등학교 5학년이 되던 해부터는 가정 내 경제적인 상황이 악화되었고, 이로 인해 피해아동에게 더 이상 용돈을 주지 못하게 되자, 피해아동은 거짓말과 도벽 등 문제행동을 보이기 시작했다. 처음에는 문제집 등 학업용품을 구입한다는 거짓말을 하였고, 이후에는 학원비를 내지 않거나, 친구의 지갑에 손을 대는 등 문제행동이 점점 심각해지게 되었다. 피해아동이 거짓말, 도벽의 문제행동을 보여도 친부모는 대화로 피해아동을 지도하였고, 다시는 문제를 일으키지 않겠다는 약속도 수차례 받았다. 하지만 피해아동의 문제행동은 개선되지 않았고, 소액결제의 문제까지 발생하였다. 수차례 이야기하였지만 피해아동의 문제행동이 개선되지 않자 친부 및 친모는 지도방식이 잘못되었다는 생각을 하였다. 대화가 아닌 체벌로써 피해아동을 지도하는 걸로 결정을 하고, 가정 내 효자손을 사용하여 처음으로 피해아동에게 체벌을 하였다.

피해아동은 친부모가 체벌한 것에 대해 본인이 잘못을 했기 때문에 맞은 거라며 체벌에 수긍하는 모습을 보였고, 문제행동의 이유에 대해 묻자 "처음에는 거짓말로 엄마, 아빠의 관심을 끌고 싶었어요. 근데 지금은 저도 왜 그러는지 모르겠어요."라고 이야기하였다. 또한 피해아동은 "제가 PC방 요금을 내야 친구들이 저랑 놀아줘요. 게임 아이템이나 먹을 거 안 사주면 애들이 저랑 안 놀아요."라고 이야기하였다. 피해아동의 담임교사를 통해서 확인한 결과 교내에서도 피해아동과 친하게 어울리는 친구들은 없고, 하교 후 PC방을 가거나 놀러갈 때만 같이 다니는 친구들이 몇 명 보인다고 한다. 피해아동은 어린 시절부터 혼자 생활하고, PC방 및 만화방을 다니는 것에 익숙하여 친구들에게 먼저 말을 걸거나 어울리는 것이 어렵다고 하였다.

피해아동은 어린 시절부터 혼자 있는 시간이 많아 만화 그리는 것을 즐겨 했는데 중학교에 입학하고 나서부터는 그동안 본인이 그렸던 만화를 인터넷 커뮤니티 사이트 및 SNS 계정에 올리기 시작하였다. 피해아동의 만화를 본 사람들은 피해아동에게 재능이 있다며 칭찬하기 시작하였고, 다음 만화를 기다리는 사람까지 생겨나기 시작했다.

택배기사 일을 하고 있는 친부는 피해아동에게 잘 해 주지 못하는 것에 대해 미안한 마음을 가지고 있어 그동안 피해아동이 문제행동을 보여도 '다음엔 잘 하겠지.'라는 생각으로 피해아동을 믿으며 대화로만 지도를 하였다. 최근 들어 만화에 흥미를 보이고 있기에 그것 또한 인정해 주는 상황에서 소액결제 문제가 생겨 피해아동에게 큰 실망을 했다고 한다. 사회복지사가 친부에게 아동학대에 대해 설명하였을 때 친부는 피해아동을 훈육하기 위한 체벌이었을 뿐 피해아동을 학대한 적은 없다고 이야기하였다. 친부는 본인이 어린 시절에도 부모 및 학교 교사들에게 맞고 자랐으며, 대화가 통하지 않은 이 시점에서 어느 정도의 체벌은 허용되어야 피해아동의 문제행동이 고쳐질 것 같다는 생각을 이야기하였다.

친모는 친부의 의견에 따르는 모습을 보였고, 피해아동에게 받은 실망감이 큰 지금의 상황에서 체벌이 필요하다면 체벌도 해야 한다는 생각을 이야기하였다.

연습과제

1) 담당 사회복지사가 제안하는 토론

본 사례는 피해아동의 문제행동을 지도하고자 친부는 체벌행위를, 친모는 묵인하는 행위를 한 사례이다. 피해아동의 문제행동(거짓말, 도벽, 소액결제)을 지도하기 위해 친부모는 대화로 해결하는 방법을 사용하였지만 피해아동은 개선되지 않았고, 결국 도구를 사용하여 체벌하였다. 피해아동에게 악의적으로 해를 가하기 위한 목적이 아닌 훈육을 위한 체벌이기는 하였으나, 피해아동에게는 심각한 상흔이 남은 현 상황에서 친부가 피해아동에게 행한 행동을 아동학대로 판단할 수 있을지, 또한 피해아동이 친부에게 체벌을 당하는 것을 목격하였지만 아무 조치를 하지 않은 친모 역시 아동학대로 봐야 하는지에 대한 논의가 필요하다.

2) 역할극

학생 3명이 참여해서 사회복지사, 아버지, 어머니 역할을 맡는다. 사회복지사가 사정을 위해 가족의 역할과 의사소통 방식에 대해 질문하는 장면에 대해 역할극을 실시하시오. 역할극을 본 후 학생들은 소감을 나눈다.

3) 사정

동료와 함께 클라이언트를 사정하시오. 생태도를 그리거나 수업에서 배운 다양한 이론을 활용해서 해석하고 기록한다.

4) 모의 사례회의

담당 사회복지사가 나와서 모의 사례회의를 진행하시오.

5) 실천기술 적용

어떤 실천기법, 실천기술, 실천모델을 활용해서 개입하면 좋을지 제안하거나 실천기술이 활용되는 장면에 대한 역할극을 수행하시오.

사정 노트

사례 14

아들에게 학대당하는 할머니

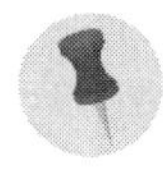

기관소개

1) **기관명**: 충청남도노인보호전문기관

2) **역사 및 사업특징**: 노인학대를 전문적이고 체계적으로 대처하기 위하여 2004년 1월 노인복지법 개정에 따라 노인학대와 관련된 법규가 신설되었으며, 제39조의5 노인보호전문기관 설치규정에 따라 전국 16개 시 · 도에 2017년 기준 30개 노인보호전문기관이 설치 운영되고 있다. 충청남도노인보호전문기관은 충청남도 북부지역 7개 시 · 군 및 세종특별자치시에서 발생하는 노인학대 문제에 개입하고 있다. 기관에서 하고 있는 주요사업은 크게 두 가지로 살펴볼 수 있는데, 먼저 실제로 학대피해를 받은 어르신에게 도움을 제공하고 있다. 다양한 경로를 통해 본 기관으로 노인학대 의심사례가 접수되면 현장조사를 통해 진위여부를 확인 후 문제상황 및 욕구사정을 통해 전문적인 사례관리 서비스를 제공하여 궁극적으로 학대를 소거시키기 위해 노력하고 있다. 두 번째는 교육사업으로 대상자별 교육을 통해서 적게는 노인차별에 대한 사회적 인식을 전환시키고 크게는 노인학대 사례 발견 시 대처할 수 있는 능

력을 향상시키는 효과를 이끌어 내고 있다. 마지막은 홍보사업으로 다양한 매체를 통해 노인학대 실태의 심각성 안내 및 노인보호전문기관의 역할, 노인학대 신고전화번호를 홍보하여 기관의 접근성을 높이고 잠재되어 있는 노인학대 사례에 대한 신고를 이끌어 내고 있다.

지역사회 특징

충청남도는 8개 시와 7개 군으로 되어 있고, 산, 들, 바다가 어우러진 살기 좋은 지역이다. 총인구 약 200만 명 중 중장년층(46.1%)의 인구가 가장 많고, 그 다음으로 아동 및 청소년(21.5%), 노인(16.5%) 등의 순으로 분포되어 있다. 이 중 노인인구는 전국 5위에 해당하는 높은 수치이며 충청남도는 노인과 관련한 사회문제와 복지정책에 많은 관심을 기울이고 있다. 충청남도 내 지역 간 특성을 살펴보다 보면 차이가 존재하는 것을 확인할 수 있는데, 인구증가와 산업이 집중된 도시 지역과 고령화가 급속히 진행되고 있는 농촌 지역이 상존하는 것을 알 수 있다. 복지서비스 제공 부분 또한 도시와 농촌의 지역적 편차가 나타나고 있어 노인, 장애인 등 정보접근이 어려운 대상에게 찾아가는 서비스 중심의 복지전달체계를 구축해서 보완하고 있다. 관할지역이 넓은 만큼 지역의 많은 기관들이 학대문제를 해결하기 위해 적극적으로 협조하고 있으며 대표적인 기관으로는 경찰서(학대행위자 처벌), 보건소(건강검진 및 정신건강 판정), 가정폭력상담소(심리상담 지원), 장기요양기관(피해노인 일시보호 및 서비스제공), 의료기관(의료비 지원) 등이 있다.

클라이언트 체계

1) 의뢰 과정

독거노인생활관리사 김 씨는 홀몸 어르신의 안전 확인 및 서비스지원을 위해 이정은(66세, 여) 어르신 댁을 방문하여 안부를 묻던 중 신체에 멍 자국이 있는 것을 발견하였다. 멍이 든 사유에 대해 묻자, “방에서 나오다가 넘어졌어.”라는 말을 하는 어르신에게 다시 몇 번 묻기를 되풀이하자 “아들이 술을 먹으면 나를 원망하며 욕설을 하는데 이번에는 냄비를 던지고 주먹으로 이마를 때려서……”라고 하셨다. 이런 일들이 자주 발생하는지 묻자, “자주는 아니고 술을 먹고 찾아오면 무서워…….”라고 말씀하셨다. 어렵게 이야기를 꺼내시는 어르신의 손을 말없이 꼭 잡아 드렸다.

독거노인생활관리사는 노인학대 신고의무자로 즉시 노인보호전문기관으로 피해노인의 인적사항 및 학대상황을 알렸고, 노인학대 신고를 접수받은 노인보호전문기관은 현재 피해노인의 문제상황 및 욕구를 파악하기 위해 현장조사를 실시하였다. 현장조사 시, 피해노인은 학대를 가한 것이 아들이었음을 말한 것에 대해 아들이 알게 되면 더 큰 학대를 가할 것에 대한 두려움으로 학대피해 사실을 숨기려고 하셨다. 전문적인 사례관리를 통해 문제해결을 도모하겠다는 노인보호전문기관의 상담원의 설득으로 개별상담을 진행할 수 있었다. 피해노인은 아들이 지속적으로 찾아와 폭언 및 폭행이 있었음을 말하였고, 재학대가 발생하지 않고 아들도 의료적인 보호를 통해 모두 안전하게 생활할 수 있기를 원하셨다.

2) 클라이언트 정보

클라이언트는 인공관절 수술을 하여 거동에 다소 불편함이 있고 천식이 있어 숨을 가쁘게 몰아쉬는 등 건강이 좋지 못한 상태였지만 상담을 진행하는 데 문제는 없었다. 피해노인이 거주하는 공간은 다세대 주택이었으며 방 1칸과 부엌, 화장실이 있는 구조였고 환경은 청결한 수준이었다. 피해노인은 배우자가 일찍 사망하여 1남 2녀의 어린 자녀들을 어려운 환경에서 키웠다고 하셨다. 공장, 식당 등 해보지 않은 일이 없을 정도로 열심히 살았지만 경제적인 어려움을 해결할 수 없었고 자녀들은 고등학교를 졸업한 후 일찍 사회생활을 할 수 밖에 없었다. 피해노인은 부족함 없이 키우고 싶은 마음이 컸지만 뜻대로 되지 않았고 자녀들은 또래 친구들과 비교해서 경제적으로 부유하지 않은 상황에 대해서 피해노인을 자주 원망하였다고 말하셨다. 그래도 자녀들 중 딸 2명은 타지에 살고 있어 자주 찾아오지 못하지만 연락은 가끔씩 하며 관계를 유지하는데 인근에 살고 있는 아들은 피해노인을 많이 힘들게 하였다고 하셨다. 아들은 평소 술을 자주 마시며, 일도 하지 않는 등 불성실한 생활을 해왔으며 배우자와의 불화 끝에 최근 이혼까지 하게 되었다. 평소 음주상태에서 피해노인에게 찾아와 돈을 요구하는 일이 빈번하게 이루어졌는데 “내가 이렇게 사는 것은 다

당신 때문이야. 이혼을 하게 된 것도, 일도 못하고 있는 것도 다 당신 때문이니까 책임져!"라며 위협을 가하기 시작하였다고 한다. 피해노인의 소득은 기초연금과 노인일자리 참여수당으로 기본적인 생활을 영위해나가고 있는 형편이나 아들이 찾아와 돈을 요구하면 어쩔 수 없이 내어주고 있는 상황이며, 돈을 요구할 때 줄 돈이 없어 내어주지 못하는 상황에서는 아들의 학대가 더 심각해져 불안에 떨어야만 하셨다. 학대상황에 대해서 학대행위자인 아들을 제외한 다른 자녀들은 알고 있는지 피해노인에게 물어보니 "딸 2명은 학대상황을 알고 있는데 내가 아무것도 못하게 했다."라고 하셨다. 피해노인을 통해 확인한 결과 딸 2명은 과거 오빠와의 갈등으로 관계가 좋지 못하며 현재는 서로 연락을 하지 않는 것 같다고 하였다. 이전에는 딸들이 아들의 정신병원 입원이나 피해노인의 새로운 거주지로의 독립지원 등 문제를 해결하고 싶어 했지만 피해노인이 아들을 감싸고 있어 오히려 피해노인을 향한 원망이 커진 상황이라고 하였다. 그래서인지 요즘은 피해노인이 딸들에게 연락해도 전화도 이전처럼 잘 받지 않는다고 하였다.

연습과제

1) 담당 사회복지사가 제안하는 토론

① 학대를 가하고 있는 아들에 대한 강한 애착과 두려움의 양가감정을 가지고 있는 피해노인의 문제 해결을 위한 사례개입 방안

은 무엇인가?

② 지역사회 내 은폐된 노인학대 사례에 대해 어떻게 접근할 수 있을까?

2) 역할극

사회복지사가 사정 단계에서 클라이언트가 '문제상황에 대해 명확히 이해(insight)'하고 있는지를 확인하는 장면에 대해 역할극을 실시하시오. 역할극을 본 후 학생들은 소감을 나눈다.

3) 사정

동료와 함께 클라이언트를 사정하시오. 생태도를 그리거나 수업에서 배운 다양한 이론을 활용해서 해석하고 기록한다.

4) 모의 사례회의

담당 사회복지사가 나와서 모의 사례회의를 진행하시오.

5) 실천기술 적용

어떤 실천기법, 실천기술, 실천모델을 활용해서 개입하면 좋을지 제안하거나 실천기술이 활용되는 장면에 대한 역할극을 수행하시오.

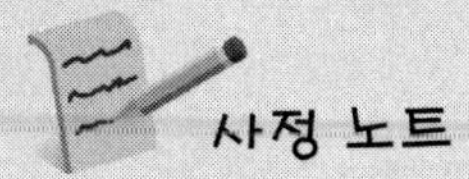
사정 노트

사례 15

희귀질환으로 위기를 맞은 한부모 가장

기관소개

1) **기관명**: 양재종합사회복지관

2) **역사 및 사업특징**: 본 기관은 '체감하는 복지, 기분 좋은 변화, 함께하는 가치 나눔, 서초의 복지허브 양재종합사회복지관'이라는 미션을 가지고 1993년에 개관한 종합사회복지관이다. 주요 사업을 살펴보면, 첫째, 사례관리사업은 지역사회 네트워크를 통한 통합사례 증대, 마을네트워크 운영의 지속적인 활성화를 통해 클라이언트의 생태체계 강화, 자원 활용도를 증대하고자 한다. 둘째, 서비스제공사업은 지역주민들의 욕구와 지역사회 환경 변화를 반영한 다양한 사회복지 프로그램 개발 및 제공, 가족 간 소통을 위한 서비스를 제공하고자 한다. 셋째, 지역조직화사업은 지역사회 자원 활용을 통한 후원 개발 및 재능기부 발굴과 지역주민의 역량 강화를 통한 주민리더를 개발하고자 한다. 본 기관에서 중점을 두고 있는 것은 '능동적인 사회복지서비스로의 접근'이다. 최근 2년간 지역사회 내 아파트 단지의 대규모 인구 유입으로 인한 국민기초생활수급자 및 복지서비스의 욕구가 증가하고 있고, 직접적인

사회복지서비스를 제공하고 있는 복지시설이 부재하다는 것을 기초로 사례관리와 서비스 제공의 필요성이 매우 높은 상황을 파악하여 직접 찾아가는 서비스를 제공하고자 한다. 또한 공공과 민간의 상호협력이 요구됨에 따라 수요자에 맞춤형 통합형의 복지서비스를 지원하여 복지사각지대에 대한 유기적인 협력이 이루어질 수 있도록 노력하고 있다.

지역사회 특징

지역사회는 다른 시나 구에 비해서 상대적으로 소득수준이 높은 고소득자 및 중산층의 거주비율이 높다. 또한 교통, 법조행정, 문화예술 등 다양한 사회적자원이 위치한 특성을 가지고 있다. 하지만 다른 지역과 마찬가지로 경제적, 사회적 위기에 처해 사회복지자원에 대한 다양한 욕구를 보이는 복지 대상자가 함께 거주하고 있다고 볼 수 있으며 최근 서초구 내 기초생활수급권의 수는 약 4만 8천 명 정도로 점차 증가하는 추세임을 알 수 있다.

본 복지관에서 관할하고 있는 서초권역(서초1~4동)과 양재 · 내곡권역(양재1 · 2동, 내곡동)은 전체 인구의 약 41%(185,475명)가 거주하고 있으며 클라이언트가 넓게 분포되어 있는 것이 특징이다. 특히, 사례관리와 관련하여 국민기초생활수급자의 60.8%(1,960명)가 본 복지관 관할 지역에 거주하고 있으며 그 중 양재동이 39% 거주로 높은 비율을 차지하고 있다.

클라이언트 체계

1) 의뢰 과정

클라이언트 오수민(58세, 여)은 본 기관 한부모 여성프로그램의 참여로 인하여 의뢰된 사례이다. 한부모 여성프로그램은 여성가장에게 본인이 원하는 교육을 선택하여 전문자격증을 취득할 수 있도록 교육비와 생계비를 지원해 주고, 기관에서 준비하는 월 1회 자조활동에 참여하여 지속적인 사례관리를 받을 수 있도록 지원해 주는 프로그램이다. 이에 클라이언트는 자발적으로 본 프로그램을 알게 되어 기관을 찾아왔다. 클라이언트가 선택한 교육은 요양보호사였고, 적극적인 교육 참여로 1차 필기시험에 합격하는 쾌거를 이룰 수 있었다.

클라이언트는 교육과 동시에 생계를 책임지는 가장이었기 때문에 건물 청소, 간간이 들어오는 아르바이트 등을 하며 자녀들의 학업과 본인의 자격증 취득을 위해 열심히 생활하고 있었다. 이에 2차로 요양원에서 실습을 하던 중 쓰러져 응급실에 가게 되었는데 복합부위통증증후군(Complex Regional Pain Syndrome)[14]이라는 희귀질환 판정을 받게 되었다.

14) 외상 후 특정부위에 발생하는 만성 신경병성 통증과 이와 동반된 자율신경계 기능 이상, 피부변화, 기능성 장애를 특징으로 하는 질환(신경병성 통증)

2) 클라이언트 정보

클라이언트 오수민은 세 자녀를 양육하고 있는 한부모 가장으로 2009년 초 이혼하였다. 회사원인 남편과 결혼하였으나, 남편이 사업을 시작하고 2005년부터 사업이 기울어 사채를 쓰면서 사채업자에게 쫓기는 생활을 하였다고 한다. 이후 서초구로 거주지를 이전한 후 공식적으로 이혼하여 현재 자녀에 대한 양육권은 모두 클라이언트 혼자 가지고 있다. 클라이언트는 희귀질환 판정 후 수급에 선정되어 근로를 하지 않아도 고정적인 수입이 생겼으나 본인의 병원비와 과거 남편의 사업에 본인의 명의로 대출받았던 금액들로 인하여 법원 소송이 진행되고 있고, 계약만료로 인한 거주지 이전, 자녀들과의 갈등으로 심리 · 정서적으로 어려운 상태이다.

클라이언트의 원가족인 부모 및 형제들과의 관계에 대해서는 이혼 후 교류가 없다고 하였다. 이에 도움을 요청할 만한 가족은 없는 상태였고, 그나마 클라이언트의 안타까운 사연을 아는 두 명 정도의 이웃주민들이 간간이 아이들을 위한 밑반찬을 준비해 주거나, 등하교에 도움을 주고 있는 것을 확인하였다. 더불어 최근에는 요양보호사로 활동하고 있는 분이 클라이언트의 가까이에서 가장 많은 도움을 주고 있다. 급하게 병원을 가야 하거나, 급한 일이 생겼을 때 연락하면 바로 달려와 해결해 주는 등 클라이언트나 아이들이 가장 의지하고 있다.

자녀들과의 관계는 갈등이 많은 편으로 클라이언트의 투병으로 인해 김민우(18세, 아들)가 우울증과 거식증으로 신경정신과에서 치료를 받게 되면서 갈등이 심화되고 있는 상태이다. 김은우(16세, 딸)는 본인이 원하는 진로(가수)를 반대한다는 이유로 클라이언트와 갈등이 있다. 김진우(13세, 아들)는 사춘기에 접어들며 친구들과 어울려 다니며 학업에 집중하지 못하고 있는 상태이고, 어려운 가정환경으로 부모의 돌봄을 제대로 받지 못한 것에 대해 클라이언트가 미안함을 갖고 있다.

클라이언트가 본인의 건강상태로 인하여 자녀를 대할 때 공격적인 말투나 짜증이 섞인 목소리로 대응하면서 자녀들과의 관계에 갈등이 더욱 커지고 있다. 클라이언트 본인도 이러한 이유로 갈등이 더욱 심화되고 있음을 인정하여 문제수정에 대한 의지는 있으나, 치료, 생계 및 양육에 대한 어려움이 사라지지 않는 한 어려울 것 같다는 표현을 하였다.

주거하는 집은 보증금 2,000만 원에 월세 30만 원으로 방 하나와 거실, 부엌, 화장실로 이루어져 있다. 투병 중임에도 깔끔한 상태를 유지하고 있었다(방문간호서비스를 이용 중에 있는데 참여주민의 상황을 안타깝게 여겨 집안일과 반찬 등을 수시로 해 주고 있다고 했다). 투병 중인 클라이언트와 사춘기에 있는 아들, 딸들이 본 거주지에서 생활하기에는 큰 어려움이 따르고 있으며 현재 거주지 계약이 만료되어 거주지 이전이 필요한 상황이다.

클라이언트는 복합부위통증증후군으로 인해 온몸의 통증을 호소하고 있으며, 이불, 바람, 사람 등과 살짝 스치기만 해도 온몸에 통증이 전해져 병원 외 외출은 전혀 못하고 있다. 통증 및 치료로 인하여 주 1회씩 병원을 다니며 마약성 진통제를 투여 받고 있으며, 진통제를 맞으면 약 이틀 정도는 집에서 약에 취해 일상생활이 거의 불가능한 상황이다. 또한 진통제의 부작용으로 시력 저하와 간 기능 이상이 생긴 상태이다. 이에 식사는 죽과 과일 등을 갈아 마시는 등 생활에 큰 어려움을 겪고 있다. 정기적인 의료비 지출과 아들의 정신과 치료, 자녀들의 학업비 등을 수급비로 충당하기에는 큰 어려움이 따르고 있는 상태이다. 이에 클라이언트는 본 기관에 경제적 지원을 해주길 요청하여 본 기관의 결연후원금으로 월 10만 원, 희망온돌 사업으로 30만 원씩 총 3회 의료비 지원을 하였다. 그 외 의료지원을 위해 여러 지원사업에 신청을 하였으나 복합부위통증증후군이 희귀질환이라 선정까지는 어려움이 따랐다. 일시적인 어려움은 해소되었으나 근본적인 경제적 어려움 해결은 미비한 상황이다.

클라이언트는 정신적 고통(우울증)도 호소하고 있는 상태이며, 이에 첫째 자녀가 보는 앞에서 마약성 진통제를 다량 투여하여 정신을 잃고 쓰러지는 등 자살시도도 하였다. 이에 첫째 아들이 긴급히 119에 신고하여 위세척 등의 후 처치로 다행히 목숨은 구할 수 있었다. 클라이언트는 이로 인해 첫째 자녀의 우울증과 거식증이 시작되었다고 자책을 하면서도 삶에 의미를 찾지 못하고 있는 것이 사실이다. 자녀들을 책임지기에 본인의 상황이 어려움을 알기에 보호소에 보내는 것을 고려하는 등 본인에게 다가올 여러 가지 상황들에 불안감을 느끼고 있는 상태이다.

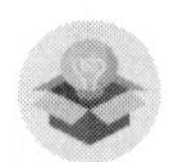

연습과제

1) 담당 사회복지사가 제안하는 토론

① 본 사례에서는 참여주민의 의료비(경제적)와 정서적 안정 위주로 개입을 진행해 왔다. 하지만 10월부터 법적문제 및 거주지 이전의 문제, 첫째 자녀의 우울증과 거식증으로 인한 정신과 치료 등 다양한 어려움이 나타나면서 복합적인 욕구가 나타나고 있다. 본 사례에 대한 개입의 방향을 어디에 중점을 두어 진행해야 할까?

② 참여주민의 경우 구청과 현재는 종결한 타 종합사회복지관, 인근 교회 등 다양한 자원들이 연계되고 있다. 이에 대해 정보공유 수준에서는 참여주민에 대한 이야기가 공유되지만 보다 활발한 네트워크를 통해 효과적인 개입이 이루어질 수 있는 방안은 어떤 것이 있을까?

2) 역할극

사회복지사가 클라이언트의 욕구가 무엇인지 다양한 질문을 통해 탐색하는 장면에 대해 역할극을 실시하시오. 역할극을 본 후 학생들은 소감을 나눈다.

3) 사정

동료와 함께 클라이언트를 사정하시오. 생태도를 그리거나 수업에서 배운 다양한 이론을 활용해서 해석하고 기록한다.

4) 모의 사례회의

담당 사회복지사가 나와서 모의 사례회의를 진행하시오.

5) 실천기술 적용

어떤 실천기법, 실천기술, 실천모델을 활용해서 개입하면 좋을지 제안하거나 실천기술이 활용되는 장면에 대한 역할극을 수행하시오.

사정 노트

사례 16

5억 아파트에 살면서 경제적 어려움을 호소하는 남성

기관소개

1) **기관명**: 수원시휴먼서비스센터

2) **역사 및 특징**: 수원시휴먼서비스센터는 다양하고 복잡해진 복지욕구를 가지고 있는 수원시민들에게 민 · 관의 협력을 바탕으로 한 지역복지자원의 효율적인 연계의 구심체 역할을 수행하고, '찾아가는 복지서비스'와 '수요자 중심의 맞춤형 통합서비스'를 제공하는 역할을 하고 있다.

따뜻한 나눔과 소통으로 '현미경(현명하고 미세하고 경쾌한)' 복지를 실현하여 '사람이 반가운 휴먼시티 수원 복지공동체'를 조성하는 데 목적을 두고 있다. 이 기관은 수원시 조례제정을 통해 설립되었고, 사회복지법인 수원시사회복지협의회가 수원시로부터 위탁을 받아 운영하는 기관이다. 지역의 저소득 주민의 복지증진과 필요를 채우기 위해 지역사회를 책임지는 전문통합사례관리 기능, 지역 내 균형적 사례관리 발전을 위한 역량강화교육 기능, 자원을 통합적으로 관리하고 지원하는 촘촘한 네트워크망을 운영하고 있다.

지역사회 특징

수원시는 인구 120만으로 전국기초자치단체 중 인구수가 가장 많은 도시이며 경기도 타 시군과 비교하여 아동 · 청소년 인구 비율이 높은 반면, 노인비율이 낮아 상대적으로 젊은 지역이지만 독거노인 비중의 증가 및 장애인 중 돌봄 서비스가 필요한 인구가 매년 증가하고 있다. 근로 가능한 15~64세 인구 대비 65세 이상 인구수의 비율을 보여 주는 노년부양비 역시 지속적으로 증가하고 있는 추세이다. 또한, 국민기초생활보장수급자 수는 지속적으로 감소하고 있는 반면 차상위계층 비율은 꾸준히 증가하고 있다.

사회복지서비스기관은 지역의 중심부에 밀집되어 있는 반면 서비스가 필요한 대상은 중심가에서 떨어진 위치한 외곽지역에 많이 밀집되어 있어 이를 해소하기 위해 찾아가는 복지서비스를 실행함으로써 복지 체감도를 높이는 데 많은 노력을 기울이고 있다.

복지시설 현황으로는 종합복지관 6개소, 노인복지관 5개소, 장애인복지관 2개소, 노인관련기관 476개소, 아동관련기관 59개소, 장애인관련기관 25개소, 정신관련기관 19개소, 노숙인관련기관 2개소가 운영되고 있다.

클라이언트 체계

1) 의뢰 과정

클라이언트 김장남(45세, 남)은 경제적 어려움을 호소하며 긴급 생계비 지원을 받을 수 있는지 본 기관에 문의한 것을 계기로 담당 사회복지사가 가정방문을 하여 클라이언트 초기상담을 진행하게 되었다. 처음 가정에 방문했을 때 경제적인 어려움이 있는 가정이 맞을까라는 의구심이 강하게 들었는데, 클라이언트는 고급 아파트에 살고 있었고 집 안에는 고가의 가전제품, 가구들로 가득 차 있었기 때문이다. 노모가 시각장애로 거동이 불편하여 와상 상태로 있는 것 외에는 특별한 어려움은 발견되지 않았다.

2) 클라이언트 정보

김장남 씨는 시각1급장애를 가진 노모를 모시고 있는데, 노모는 베체트병이라는 희귀질환을 앓고 있고 거동이 불편하여 주로 누워서 생활하고 계신다. 어머니는 시각장애인 전용 시설로 모시기 위해 서울에 거주하는 외삼촌 집으로 주소지가 등록되어 있으며(실로암 요양원은 서울 거주자만 입소가 가능함), 형제들과 연락은 하고 있으나 경제적 도움은 받고 있지 않다고 했다.

대상 가정은 안정적인 소득이 없어 경제적인 어려움을 많이 호소하였다. 김장남 씨는 대학에서 번역 관련학과를 졸업하고 번역 관련 일을 주로 하다가 2009년부터 소규모 미디어 회사를 운영하였는데 사업이 잘 되지 않았다고 하였다. 특히 작년 말부터 급격히 소득이 줄었고 이후 카드대출, 보험약관 대출을 통해 생활을 유지해 왔으며 현재는 그마저 상황이 되지 않아 센터에 도움 요청을 한 상태이다. 부인은 서울에 있는 △△연구소에서 시간강사로 근로하며 월 평균 150만 원 가량의 소득이 있으나 최근에는 이마저도 일거리가 끊긴 상황이다. 현재 김장남 씨 가족이 벌어들이는 월 평균 소득은 20만 원도 안 되고 있어 생활고를 겪고 있으며 부부 모두 각종 대출, 카드 연체 등으로 부채가 감당하기 어려운 수준이다. 또한 각종 공과금 역시 미납되어 독촉을 받고 있어 경제적으로 상당한 어려움을 겪고 있는 상황이다.

김장남 씨는 과거 경기도 남양주의 아파트에 거주하였는데 아파트를 담보로 대출을 받아 매매를 하였고, 대출 이자만 내면서 살아왔다고 하였다. 그러던 중 아파트 원리금을 내야 할 시점이 도래하여 아파트를 매매하고 수원시 광교지역의 청약에 당첨되어 이사를 왔는데 이 역시 은행에서 담보대출을 받아 현재까지 월이자 납부 중에 있는 상황이다. 현재 거주 주택은 실거래가 5억 정도 되지만 아파트 담보 대출금이 3억 3천만 원가량 있고 부채를 해결하면 실질적인 재산 가치는 많이 떨어지는 상황이다.

경제적인 어려움을 수차례 호소하여 금융복지상담사를 연계하여 채무관련 상담을 진행하였고, 현재 부채가 상당하고 이자 납부에 대한 능력이 없기 때문에 거주지를 처분하여 부채를 상환하고 비교적 저렴한 주거지를 마련할 것을 안내하였다. 하지만 김장남 씨는 현 거주지는 생활환경도 좋고 본인은 그동안 아파트 생활만 했기 때문에 아파트가 아니면 살 수가 없다고 하였다. 무엇보다 자녀들의 교육환경이 좋기 때문에 이사는 절대 할 수가 없다고 하였다. 고용복지센터의 취업성공패키지 제도를 안내하여 실제 상담을 받고 구직 등록을 하였으나 연계 받은 일들이 본인의 적성과 맞지 않고 근무환경, 급여 등 어느 것 하나 본인이 생각하는 것과 맞지 않는다며 불만을 토로하며 앞으로 이용하지 않겠다고 하였다.

클라이언트는 긴급생계비 지원에 대한 강한 욕구가 있었으며 현재는 경제적인 어려움이 있지만 번역을 통해 지금까지 잘 살아왔으니 긴급생계비 지원을 통해 현재의 어려움만 해결하면 금방 회복할 수 있다고 하였다.

연습과제

1) 담당 사회복지사가 제안하는 토론

① 클라이언트 스스로 품위, 지적수준, 생활수준 등이 높다는 인식에 사로잡혀 현재의 상황을 판단하지 못하고 현재의 생활수준을 희망하는 상황에서 사회복지사가 어떻게 개입해야 하는가?

② 공적 제도를 이용하되 본인이 필요한 서비스만 제공받고 더 이상의 개입은 거부하는 상황으로 사례관리 계획과 클라이언트의 생각이 상이할 때 어떻게 개입해야 하는가?

2) 역할극

사회복지사와 클라이언트가 함께 대화하며 다양한 욕구 중에서 해결해야 하는 1순위 욕구를 합의하는 과정에 대해 역할극을 실시하시오. 역할극을 본 후 학생들은 소감을 나눈다.

3) 사정

동료와 함께 클라이언트를 사정하시오. 생태도를 그리거나 수업에서 배운 다양한 이론을 활용해서 해석하고 기록한다.

4) 모의 사례회의

담당 사회복지사가 나와서 모의 사례회의를 진행하시오.

5) 실천기술 적용

어떤 실천기법, 실천기술, 실천모델을 활용해서 개입하면 좋을지 제안하거나 실천기술이 활용되는 장면에 대한 역할극을 수행하시오.

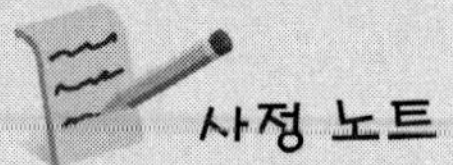

사정 노트

사례 17

생계비가 절실한 젊은 암 환자

기관소개

1) **기관명**: 구세군강북종합사회복지관

2) **역사 및 사업특징**: 구세군강북종합사회복지관은 '마음은 하나님께 손길은 이웃에게'라는 실천정신을 가지고 어려운 환경에 처하게 된 이웃들의 고통을 덜어주기 위해 전문적인 서비스를 제공하고자 1990년에 12월에 설립되었다. 기독교 정신을 바탕으로 지역 주민들의 욕구에 따라 각종 프로그램을 시행하여 사회에서 발생하는 제반 사회문제의 예방과 치료의 기능, 나아가 지역주민들의 사회, 문화, 경제 등의 생활향상과 더불어 지역사회증진을 목적으로 한다. 구세군강북종합사회복지관은 3대 주요사업으로 사례관리사업, 서비스제공사업, 지역조직화사업을 전문적으로 실천하고 있으며 특화사업으로 '북한이탈주민지원사업'과 '성폭력 없는 안전한 마을만들기' 사업을 운영하며 지역사회복지 증진을 위해 노력하고 있다.

 지역사회 특징

본 복지관이 위치한 강북구 지역은 서울시내 25개 자치구 중 재정자립도가 24위에 이를 정도로 경제적인 지표는 열악하게 나타나고 있다. 강북구에 거주하는 국민기초생활보장수급 가정은 10,481가구에 달하며 강북구의 전체인구 346,493명 총 142,150가구 중 한부모 가구는 2,435가구로 서울시 평균인 1,105가구보다 600가구 가량이 많은 것으로 나타났다. 이 중 법정 한부모 가구가 1,081가구, 국민기초생활보장수급 한부모 가구가 620가구이며, 소년소녀가장 역시 총 21가구로 서울시 25개구 중 가장 많은 것으로 나타났다. 강북구의 전체 가구 중 조손가구가 차지하는 비율은 서울 25개구 중 가장 높은 0.31%이며, 고령화 비율은 30,214명(8.56%)으로 서울시 평균 7.0%에 비하여 높은 비율을 차지하고 있다. 강북구 지역은 크게 미아, 수유 지역과 번동지역으로 구분되며, 지역사회복지관은 총 5개소가 있는데 번동지역에는 영구임대아파트 단지 내 번2단지종합사회복지관과 번3단지종합사회복지관, 번5단지종합사회복지관이 있으며 미아, 수유 지역에는 본 구세군강북종합사회복지관과 수유종합사회복지관이 지역사회를 위한 복지사업을 실시하고 있다.

지역 내 자원으로는 북한산과 인접하고 있어 자연적인 자원을 가지고 있으며, 본 복지관과 지역사회복지 네트워크 구축을 통한 복지기관으로는 KT&G북부복지센터, 강북구중독관리통합지원센터, 강북구치매지원센터, 강북구청소년상담복지센터, 강북마을넷 등이 있다.

클라이언트 체계

1) 의뢰 과정

클라이언트 김미주(32세, 여)의 사례관리 과정은 사회복지사가 사무실에서 자리를 잠깐 비운사이 자리에 동료가 남긴 '암 환자, 32세, 희망온돌, 생계비 요청 바람'이라고 작성된 한 장의 메모지에서 시작되었다. 복지관에 처음 방문한 내방자가 바로 희망온돌 서비스를 직접적으로 신청하는 경우 희망온돌[15] 서비스를 지원받은 경험이 있는 경우가 많다.

사회복지사는 초기상담을 위해 클라이언트에게 연락을 하였으며 이후 클라이언트와 클라이언트의 모친(이경진, 59세)이 함께 본 복지관에 내방하여 초기상담이 진행되었다. 클라이언트는 이전 성동구에 거주하였으나 강북구에 임대주택이 선정되어 이사를 오게 된 상황이며 이전 거주하던 지역 내 복지관을 통하여 희망온돌 서비스를 지원받은 경험이 있으며 강북구에서도 희망온돌 서비스를 추가적으로 지원을 받고자 복지관에 상담을 요청한 것이다. 첫 번째 초기상담 시 클라이언트와 클라이언트 모친 모두 경제적 지원

15) 희망온돌사업은 사각지대 저소득 취약계층을 대상으로 경제적지원, 의료적 지원, 주거비지원을 한시적으로 지원하는 서울시복지재단사업이다.

서비스 욕구만 강하여 사례관리 서비스에 대한 안내는 이루어지지 않았으며 두 번째 가정방문 상담을 통하여 사회복지사는 강점관점 해결중심 상담을 진행하였다.

2) 클라이언트 정보

클라이언트의 부모는 부부갈등으로 인하여 10년 전부터 별거하여 생활하고 있으며 현재는 이혼을 준비하고 있다. 부친(김찬섭, 63세)은 부채가 8천만 원 이상 되어 파산신청과 국민기초생활보장수급을 신청할 계획을 가지고 있으며 현재는 노점상 및 일용직으로 혼자서 생활을 하고 있다. 클라이언트의 형제는 유일하게 오빠(김우주, 37세)가 있으나 개인 사업을 하다가 실패하여 약 1억 원에 달하는 대부업체 부채로 빚 독촉에 시달리다 잠적하여 연락이 두절되었다. 최근 전화연락이 다시 가능하게 되었으나 왕래는 없는 상황이다. 부친과 오빠의 부채로 가족이 빚 독촉에 쫓기며 살아오다 부친과 오빠는 도피하여 결국 가족이 해체되었으며 클라이언트는 모친과 단둘이서 생활하는 실질적 한부모 가정이 되었다.

클라이언트는 과거 부친과 오빠에게 가정폭력을 당한 경험이 있어 부친과 오빠와는 갈등관계에 있으며 모친하고는 자연스럽게 친밀한 관계에 있다. 클라이언트는 가난을 벗어나기 위해 공부를 열심히 하여 서울에 있는 명문대에 입학하였으며 이후 대기업에 입사하여 약 2년간 일을 해왔으나 잦은 야근과 스트레스가 심해 갑작스럽게 임파선암을 판정 받게 되었다. 당시 클라이언트는 암세포가 많이 퍼진 상황이었으며 힘든 항암치료로 인해 전신의 털이 탈모되고 거동이 힘들 정도로 체력이 급격하게 떨어졌다. 또한 건강약화에 대한 불안감과 함께 자존감도 매우 낮아졌다. 담당의사는 2년간은 암 재발 방지를 위해 모든 활동을 금지하라고 하였으며 이후 클라이언트는 집에서 은둔형 생활을 하게 되어 무기력해지고, 우울증까지 발생하였다. 모친은 마트에서 야채를 판매하다가 클라이언트의 암 발병 이후 간호를 위해 모든 일을 그만두었으며 최근 퇴행성관절염이 심해졌으나 경제적 어려움으로 치료를 받고 있지는 않다.

클라이언트와 모친 모두 경제생활을 하고 있지 않아 수입이 전혀 없는 상황으로 생계비가 절실하게 필요한 상황이었으며, 클라이언트의 지원체계는 유일하게 안산에 거주하는 외조모가 월셋집을 구할 수 있도록 지원해 준 것 이외에는 공식적, 비공식적 지원체계가 없는 상황이다. 이에 클라이언트는 주민센터를 방문하여 국민기초생활보장수급을 신청하였지만 신청단계에서 탈락하여 생계에 대한 불안감은 더욱 큰 상황이다.

클라이언트는 경제적 어려움, 건강의 어려움, 심리 · 정서적 어려움에 대한 복합적인 욕구를 가지고 있었으나 클라이언트가 가지고 있는 자원은 거의 없는 상황이었다. 사회복지사는 2차 가정방문 상담 시 클라이언트에게 오랜 시간 동안 많은 어려움이 있었는데 어떻게 그 어려움을 잘 견뎌 오셨는지 강점관점에 기초하여 상담을 실시하였다. 상담을 통하여 클라이언트는 어려운 가정환경 속에서도 가정에 대한 애착과 본인이 성인이 된 이후 가장의 역할을 하면서 가정을 책임지려는 의지가 매우 강했음을 알 수 있었다. 이를 강점으로 사례관리를 통하여 클라이언트의 역량강화와 가정의 기능을 회복할 수 있도록 사례관리 서비스가 적절하다는 판단을 하였으며 복지관 사례회의를 통하여 희망온돌 서비스를 통한 단순 경제적 지원이 아닌 사례관리 서비스 이용자로 선정하였다.

사례개입을 위해 클라이언트가 가지고 있는 강점, 욕구, 자원, 장애물들에 대해 사정을 한 결과, 클라이언트는 매우 밝은 성격의 소유자로 가정에 대한 애착과 책임감이 강했고 변화에 대한 의지를 가지고 있었으며 대학 동기와 선후배들이 많은 걱정을 하고 있는 상황이었다. 하지만 암 발생 이후 낮아진 자존감으로 자신의 처지를 보여주고 싶지 않아 친구들과 대학 동기들은 만나지 않고 있으며 자신과 비슷한 처지에 있는 환우 카페 모임을 통해 온라인상으로만 연락을 주고받으며 위안을 받고 있었다.

클라이언트의 제시된 욕구 1순위는 "일할 수 있는 체력을 준비하고 싶어요."이다. 암 발병 이후 항암치료 및 외부활동을 하지 않았기 때문에 체력이 급격하게 떨어져서 외부활동을 하는 데 어려움이 있기 때문이다. 다시 사회로 복귀하기 위해서 클라이언트는 외부에서 활동할 수 있도록 체력을 향상시키기를 희망하였다. 따라서 목표를 '하루에 외부활동을 6시간 이상 해도 컨디션을 유지한다.'로 설정하여 매일 아침 9시에 일어나기, 삼시 세 끼 규칙적으로 식사하기, 일주일에 3회 1시간 이상 규칙적으로 운동하기 등의 실행계획을 수립하였다. 사회복지사는 매일 아침 9시에 모닝 메시지를 보내고 클라이언트는 메시지를 받고 아침에 일어나면서 지속적으로 상호 소통을 하였다. 또한 암 환자에게 좋은 운동에 대한 정보를 수집하여 상담 시 함께 논의하기도 하며 식사도 규칙적으로 하고 있는지 모니터링을 실시하였다.

사회복지사는 클라이언트가 가지고 있는 '변화에 대한 의지'를 강점으로 클라이언트의 작은 노력과 성공 경험, 그리고 변화에 관심을 가지고 지속적으로 지지하고 독려하였으며 사례관리 실행계획 수립 이후 사회복지사와 클라이언트는 각각의 역할에 충실하며 계획된 목표를 향하여 함께 실천하고 점검하며 사례관리를 진행하였다.

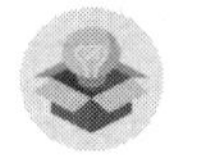

연습과제

1) 담당 사회복지사가 제안하는 토론

① 클라이언트는 암 환자이며 만성적인 경제적 어려움과 낮은 심리 · 정서적 불안감을 가지고 있다. 사례관리를 통하여 클라이언트의 역량을 강화시키고 자존감이 향상되었으나 경제적 어려움에 대한 문제는 해결되지 못하였다. 이는 또다시 클라이언트의 생활적 불안감을 초래할 수 있기 때문에 장기적인 관점에서 클라이언트 가정의 경제적 어려움에 대해서는 어떻게 개입을 하는 것이 효과적일까?

② 클라이언트는 원가족 내 부친과 오빠와 심각한 갈등관계에 있다. 장기적인 관점에서 가족의 기능을 향상시키기 위해 원가족 내 구성원 간의 가족관계 회복이 필요할까? 필요하다면 어떻게 개입을 하는 것이 효과적일까?

2) 역할극

사회복지사와 클라이언트가 협력해서 서비스 목표를 세워가는 장면에 대해 역할극을 실시하시오. 역할극을 본 후 학생들은 소감을 나눈다.

3) 사정

동료와 함께 클라이언트를 사정하시오. 생태도를 그리거나 수업에서 배운 다양한 이론을 활용해서 해석하고 기록한다.

4) 모의 사례회의

담당 사회복지사가 나와서 모의 사례회의를 진행하시오.

5) 실천기술 적용

어떤 실천기법, 실천기술, 실천모델을 활용해서 개입하면 좋을지 제안하거나 실천기술이 활용되는 장면에 대한 역할극을 수행하시오.

사정 노트

사례 18

불행한 성장과정과 교통사고로 자신의 삶을 한탄하는 남성

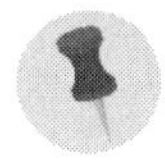

기관소개

1) **기관명**: 방화2동주민센터

2) **역사 및 사업특징**: 방화2동주민센터는 서울특별시 강서구청에 속한 동주민센터이다. 행정동은 방화2동이지만 실제로는 법정동인 방화2동과 개화동 주민 25,000여 명을 관할하고 있다. 서울특별시에서 추진한 '찾아가는 동주민센터' 사업의 시행에 따라 '찾아가는 보건 · 복지서비스'가 강조되면서 복지담당자와 방문간호사가 함께 출산 가정, 65세 도래 어르신 가정 및 선별적 복지 대상자[16] 가정에 방문하여 건강 · 복지 상담과 각종 사회복지제도를 안내하고 있다.

기관의 전 직원은 공통업무와 단위업무를 맡고 있다. 공통업무의 경우 직원별 담당 구역 내 주민의 초기상담, 사례관리 및 선별

16) 선별적 복지 대상자란 국민기초생활보장법상 생계 · 의료 · 주거 · 교육급여 수급자 및 서울형기초생활보장제도 수급자, 한부모가족지원법상 대상자, 차상위본인부담경감대상자, 차상위계층확인대상자, 차상위자활대상자, 차상위장애인대상자를 말한다.

적 복지 대상자를 관리하고 있다. 사례관리팀이 별도로 조직되어 있는 타 기관과는 달리 전 직원이 사례관리를 공통으로 맡고 있는 것이 특징이다. 단위업무의 경우 복지1팀은 긴급복지, 국민기초생활보장수급자, 한부모가족, 의료보장, 자활사업 등 선별적 복지 민원을 담당하며 복지2팀은 영유아 보육료, 아동 · 청소년복지, 어르신복지, 주거복지, 장애인복지 및 방문건강관리와 같은 보편적 복지 민원을 담당한다.

지역사회 특징

본 지역은 크게 영구임대아파트 지역과 일반 주택 지역으로 구분할 수 있다. 서울도시주택공사에서 건설한 1,065세대 대단지 영구임대아파트에는 저소득 가정의 거주 비율이 대부분을 차지해 복지민원의 수요와 공급이 끊임없이 발생한다. 최대 50년까지 거주할 수 있기 때문에 한 번 이곳에 전입한 대상자들은 웬만해서는 이사를 가지 않고 정착하는 경향이 있다. 반면 일반 주택 지역의 대부분은 '재개발구역'으로 지정되어 있어 노후주택의 철거와 신축빌라의 분양이 이루어지고 있다. 따라서 이 지역의 지하, 옥탑 및 쪽방에 거주 중인 일부 대상자들은 방을 비워달라는 집주인의 통보로 주거 위기를 경험하고 있으며, 근처에 위치한 영구임대아파트 입주를 통해 주거불안 해소의 욕구를 갖고 있다.

지역 내 자원으로는 영구임대아파트 내에 위치한 종합사회복지관과 구청, 보건소, 정신건강증진센터, 치매지원센터, 건강가정지원센터, 다문화가족지원센터, 장애인복지관, 아동보호전문기관, 서울도시주택공사 주거복지센터, 푸드마켓 등의 기관이 있다. 또한 아시아나항공, 관내 중소기업 및 식당과 주민단체들로부터 매달 후원물품(쌀, 라면, 밑반찬, 요구르트, 생필품 등)과 후원금 등을 기탁 받고 있다.

클라이언트 체계

1) 의뢰 과정

클라이언트 최근수(58세, 남)를 만나게 된 건 지역 정신건강증진센터와의 통화에서 시작됐다. 클라이언트가 정신건강증진센터에 찾아가 정신적으로 힘들어 하루하루 견디기 힘든데 돈이 없다며 무료로 정신과 약을 처방해 줄 것을 요청하였다. 이에 정신건강증진센터의 사정 결과 클라이언트는 갑작스러운 교통사고로 직장에서 실직을 하게 돼 경제적 어려움이 가중되어 충동조절장애와 알코올 사용 장애 및 자살시도가 감지되었다고 한다. 정신건강증진센터에서는 클라이언트의 정신건강문제에 시급히 개입을 시작할 예정이니 주민센터에서도 경제적 어려움에 대해 공적 지원이 가능한 복지제도 및 자원을 모색해 달라는 것이 의뢰의 요지였다.

정신건강증진센터와 통화를 마친 후 담당 사회복지사는 초기상담 실시를 위해 클라이언트에게 전화를 걸었다. 관할 주민센터 사회복지사인데 정신건강증진센터를 통해 연락을 드리게 됐음을 알리고 클라이언트에게 지원이 가능한 복지서비스 유무를 파악하기 위해 가정방문을 해도 괜찮을지 물었다. 정신건강증진센터에서 주민센터의 연락이 갈 것이라고 미리 이야기를 했기 때문인지 클라이언트는 사회복지사의 가정방문을 경계하거나 거부하지 않아 비교적 수월하게 일정을 잡을 수 있었다.

방문 당일 오전, 클라이언트에게 오늘 사회복지사와의 첫 만남이 있다는 걸 전화와 문자메시지로 한 번 더 알린 후 약속 시간에 맞춰 집으로 향했다. 클라이언트의 집은 좁은 언덕길 사이에 위치해 있었다. 작은 단독주택의 대문 앞에서 벨을 누르자 얼마 지나지 않아 건물에서 클라이언트가 잠에 취한 듯 비틀비틀 걸어 나와 사회복지사를 맞이해 주었다.

2) 클라이언트 정보

클라이언트는 큰 키에 마른 체형을 갖고 있었다. 그의 안내에 따라 들어간 집 내부는 거실, 주방, 큰방, 작은방, 화장실로 구성되어 있었다. 거실은 넓고 깔끔했으며 부엌에는 식료품이 구비되어 있고 취사를 하는 흔적이 보였다. 혹시 함께 거주 중인 사람이 있는지 물으니 이 집은 친구 이태식(58세, 남, 기초생활수급자)이 계약한 서울도시주택공사의 전세임대주택이며 작은방이 남아 무료로 얹혀서 친구와 함께 살고 있는 중이고 월세를 대신해 본인이 매달 모든 공과금을 지불한다고 했다.

클라이언트에 의하면 본인은 외동아들로 어렸을 적 부모와 함께 거주하였으나 친부(최연태, 1985년 사망)가 매일 술을 마시고 친모(한영희, 85세)와 본인에게 폭언과 폭력을 휘둘렀다고 한다. 또한 친부는 가장으로서의 책임감과 경제적 능력이 전혀 없어 친모가 작은 노점상을 하며 생계를 겨우 유지했다고 한다. 그러던 중 가정생활의 스트레스를 견디지 못한 친모가 혼자 가출을 하여 계부(이웅복, 80세)와 재혼한 뒤 이복형제(이정식, 51세)까지 낳았다고 한다. 이후 클라이언트는 20살이 되자마자 친부의 집을 나와 혼자 건설현장을 떠돌며 일용근로를 하다가 4년 전 어느 날 퇴근길에 교통사고를 당해 어깨와 허리를 다쳤다고 한다. 그 때문에 실직을 하게 되었으며 사고 후유증으로 어깨 통증이 심해 재취업도 어려웠고, 수입이 전혀 없어 일상생활 유지가 어려워져 신용카드 빚까지 내던 중 사소한 일에도 크게 화가 나고 잠도 오지 않아 자꾸 술을 마시게 되어 정신건강증진센터에 찾아갔다고 했다.

현재 클라이언트와 지속적으로 연락을 하며 도움을 청할 수 있는 가족이나 친구가 있는지 묻자 친모, 계부와 이복동생은 충북 괴산에 살고 있으며 친모와만 일 년에 한두 번 정도 전화통화를 하거나 만나기는 하지만 경제적인 도움은 요청한 적도, 받은 적도 없다고 했다. 계부와 이복동생과의 교류는 있냐고 묻자 계부와 이복동생을 '그 쪽 사람들'이라고 표현하며 친부의 장례식 때 잠깐 본 적이 있고 그 쪽 사람들이 자신을 한 번 보고 싶어 한다는 이야기를 들었으나 자신은 그 사람들과 평생 남남이라고 생각하고 살았으며, 앞으로도 엮이고 싶은 생각이 전혀 없다고 했다. 클라이언트가 가족 이야기를 계속하기를 꺼려해 가족 관계에 대한 더 이상의 상담은 이루어질 수 없었다. 교류 중인 유일한 친구는 집주인이자 동거인인 이태식 밖에 없으나 친구도 기초생활수급자라 경제적 능력이 없을뿐더러, 자신은 이미 이 집에 얹혀살고 있기 때문에 더 이상의 도움을 요청하기는 미안하다고 했다.

더불어 클라이언트는 담당자에게 정신건강증진센터에서 다행히 정신과 진료비를 지원해 줘 무료로 외래 진료와 약을 먹고 있으나 이는 3개월간의 한시적인 지원일 뿐이며, 일을 너무 하고 싶지만 교통사고로 다친 어깨가 쑤시고 정신적 스트레스도 심해 일하기가 힘들다고 했다. 어깨 통증과 관련해 의사 진료를 받아보았는지 물으니 서울 시내의 유명한 정형외과는 다 가 봤지만 매번 의사들이 이상이 없다는 말만 하고 진통제 밖에 안 줘서 병원에 가 봤자 소용없다고 했다. 다만 8년 전부터 고혈압 약을 먹고 있고 정신과 치료를 받으니 증상이 조금 좋아지는 것 같아 앞으로도 계속 치료를 받고 싶으나 비용이 비싸 정신건강증진센터의 지원이 끝나면 더 받을 수 없다며 첫 번째로는 생계비, 두 번째로는 의료비의 지속적인 혜택이 있었으면 좋겠다고 담당자에게 구체적인 욕구를 표현하였다.

담당자는 클라이언트에게 생계 · 의료 · 주거급여를 받을 수 있는 국민기초생활보장제도를 소개하며 이 사업의 경우 부양의무자[17] 기준이 있어 구청에서 친모와 계부의 금융정보를 조사해도 괜찮다는 동의 서류가 필요함을 안내했다. 클라이언트는 친모와 가끔 연락을 하고 지내니 동의 서류를 받을 수 있다고 했고 담당

17) 국민기초생활보장법상 부양의무자란 수급(권)자의 1촌의 직계혈족(부모, 아들 · 딸 등)과 직계혈족의 배우자(며느리, 사위, 계부, 계모 등)를 말하며 신청인과 부양의무자는 시 · 군 · 구에서 까다로운 자산조사(Means Test)를 거친 후 소득과 재산 선정 기준을 모두 충족해야 신청인이 수급자로 보장받을 수 있다.

자는 신청서와 필요 서류를 안내한 뒤 가정방문을 마쳤다.

얼마 뒤 클라이언트는 주민센터에 방문해 담당자에게 수급자 신청 서류를 제출하며 최근 김포공항에 일용근로를 일주일 정도 나갔는데 하루에 열세 시간씩 일을 한 탓에 오히려 정신건강 상태가 심각하게 악화됐다고 했다. 이에 정신과 의사가 절대 일을 하지 말 것과 정신병원 입원치료까지 권했다고 말하며, 부모의 불화로 결혼생활의 기대가 없어 혼인도 하지 않았고 그 누구의 도움도 없이 혼자 열심히 살아왔으나 예상치 못한 교통사고로 직업과 건강을 모두 잃고 결국 정부지원을 신청하는 초라한 본인의 신세에 매우 화가 난다며 격양된 목소리로 한참을 이야기했다. 그래도 지금 상황에선 아무 방법이 없으니 꼭 수급자 선정이 됐으면 좋겠다고 말한 뒤 되돌아갔다.

얼마 후 담당자는 상급기관인 구청 통합조사 담당자에게서 클라이언트의 소득 · 재산 기준은 적합하나 부양의무자인 계부의 재산 기준 초과로 부양능력이 있어 클라이언트의 수급선정이 불가능하다는 전화를 받았다. 지방생활보장위원회에 가족관계단절로 심의를 올려 부양의무자 기준을 제외해 보려 하였지만 친모와의 비정기적인 연락과 만남이 있어 현 제도상에서는 안타깝게도 가족관계단절로 인정될 수 없다고도 했다. 다만 차상위계층으로 의료비 혜택을 받을 수 있는 차상위본인부담경감대상자엔 선정이 가능하니 클라이언트에게 의사 진단서 1부를 추가로 제출할 것을 안내해 달라고 했다.

연습과제

1) 담당 사회복지사가 제안하는 토론

① 클라이언트가 차상위본인부담경감대상자로 선정되어 지속적인 의료비 혜택은 받게 되었으나 계부의 재산으로 인해 클라이언트의 기초생활보장수급 선정이 불가능하게 됐다. 부양의무자에게 경제적 지원은 전혀 받고 있지 않으나 간헐적인 교류가 있어 가족관계단절로는 인정될 수 없는 상황이다. 클라이언트는 취업에 대한 욕구가 강하나 건강상의 문제로 근로능력이 없으며, 그동안 모아놓았던 현금은 모두 생계비로 소진해 현재는 신용카드 빚까지 지고 있어 경제적 어려움은 더욱 심화되고 있다. 이러한 상황에서 오로지 계부의 재산 때문에 수급혜택을 못 받게 되었음을 담당자는 클라이언트에게 어떠한 방법으로 설명하고 이해시켜야 할까?

② 담당자는 클라이언트의 기초생활보장수급 선정을 통해 질병으로 일을 할 수 없는 클라이언트에게 정기적인 생계비 지원을 연계하려 했지만 예상치 못한 결과로 서비스 제공 계획에 차질이 생겼다. 지역 내 기업의 후원금으로 최대 2개월간의 생계비 지원은 가능하지만 그 이상의 정기적인 지원은 불가능한 상황이다. 이때 클라이언트에 대한 향후 복지서비스 제공 계획과 사례 개입방법은 어떠한 방향으로 설정 및 수정되어야 할까?

2) 역할극

사회복지사가 클라이언트의 정서적 고통에 개입하는 장면에 대해 역할극을 실시하시오. 역할극을 본 후 학생들은 소감을 나눈다.

3) 사정

동료와 함께 클라이언트를 사정하시오. 생태도를 그리거나 수업에서 배운 다양한 이론을 활용해서 해석하고 기록한다.

4) 모의 사례회의

담당 사회복지사가 나와서 모의 사례회의를 진행하시오.

5) 실천기술 적용

어떤 실천기법, 실천기술, 실천모델을 활용해서 개입하면 좋을지 제안하거나 실천기술이 활용되는 장면에 대한 역할극을 수행하시오.

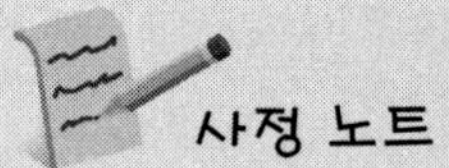
사정 노트

사례 19

행복하게 살고 싶은 전쟁난민 콩고가족

기관소개

1) **기관명**: 안산글로벌청소년센터

2) **역사 및 사업특징**: 안산글로벌청소년센터는 부모의 법적지위, 출신과 관계없이 이주 배경을 가진 모든 청소년과 그 가족을 지원하며, 모든 아이들이 차별 없이 교육받고 보호받으며 건강하게 성장하는 지역사회를 만드는 것을 사명으로 한다. 안산글로벌청소년센터는 안산시, 삼성전자, 위스타트 운동본부의 3자 협약에 의해 2010년 안산 위스타트 글로벌아동센터로 개소하였고 2017년 안산글로벌청소년센터로 명칭을 변경하였다. 현재 체계적인 사례관리를 통해 연간 700여 명의 아동 · 청소년과 1,000여 명의 부모를 지원하고 있다.

주요 사업은 교육문화지원, 진로재능지원, 심리정서지원, 복지, 인권 · 옹호, 지지체계 강화의 사업으로 구분된다. 첫째, 교육문화지원 사업으로는 학교 밖 중도입국 청소년의 전인적 성장지원, 학교 부적응 해소 및 중도탈락 방지를 위한 위탁형 다문화 대안학교, 초등연령의 이주배경 청소년과 일반청소년 통합으로 운영되는 초등한국역사탐험대가 있다. 둘째, 진로재능지원 사업으로는 진로진

학상담실 운영, 이주배경청소년의 장기적 진로지원사업, 검정고시 지원, 진로코칭 사업, 중도입국 청소년의 기술교육 지원 등이 있다. 셋째, 심리정서지원 사업으로는 집단 심리정서지원, 심리진단 및 치료, 가족상담 등이 있고, 넷째, 인권·옹호의 영역에서는 난민·외국인가정의 통합지원 사업, 글로벌시민의식 교육이 진행되고 인권네트워크 연대활동, 정책개선 활동 등도 이루어지고 있다. 끝으로 지지체계 강화 사업에서는 지지체계 정보제공, 인식개선을 위한 부모교육 등이 이루어지고 있다.

지역사회 특징

안산시는 인구수 약 70만 명으로 경기도 31개 시·군 중 인구규모 5위에 속할 정도로 많은 인구가 거주하고 있다. 다른 지역과 구별되는 특성은 다수의 외국인이 거주한다는 점이다. 최근 조사에 따르면 약 5만 명의 외국인이 안산시에 살고 있다.

안산에 거주하는 난민은 약 1,000여 명으로 난민 수는 서울 다음으로 많다. 이들은 비자 유형에 따라 크게 결혼이민자, 외국인 노동자, 유학생, 난민, 그리고 그들과 동반된 가족들로 나눌 수 있으며, 가족 체류가 허용되지 않는 비자로 홀로 거주하거나, 본국의 가족을 초청하여 함께 생활하거나 한국에서 만난 이들과 가정을 이루어 살고 있는 경우도 있다.

특히, 안산시 내에서도 원곡동에 밀집되어 살고 있다. 외국인들이 원곡동을 선택한 이유는 서울과 가까워 다양한 교통편이 밀집되어 있고 인근의 타 지역으로 쉽게 연결될 수 있다. 또한 외국인을 위한 다양한 지원기관, 다문화특구거리, 공공시설 등이 모여 있고 특히 반월공단과 시화공단이 인접해 있고 화성, 평택 등지로의 접근성이 높아 비교적 취업이 용이하고 정보를 많이 얻을 수 있기 때문이다.

안산은 내국인과 외국인과의 접촉이 많고 외국인 범죄나 일자리 문제, 불법체류 등의 문제가 해결되지 않아서 지역주민과 이주민 간의 갈등이 빈번하다. 또한 주민들은 다문화에 집중되는 자원을 역차별로 인식하는 경우도 많고, 이주민은 다문화라는 낙인을 기피하고 있다.

활용 가능한 지역자원으로 18개의 지역복지관과 공공시설, 동주민센터 등이 있다. 별도로 다문화가정과 외국인을 위한 자원으로 안산글로벌청소년센터, 안산시다문화가족지원센터, 경기도외국인인권센터, 외국인상담센터, 다문화 도서관, 종교시설과 기타 민간기관에서 운영하는 이주민 지원기관이 있으며, 공공기관으로는 안산시다문화지원본부를 활용할 수 있다.

클라이언트 체계

1) 의뢰 과정

클라이언트 가족은 콩고에서도 DR콩고로 불리는 콩고민주공화국 출신으로 본국에서 전쟁이 일어나 전쟁을 피해 한국으로 온 난민이다. 남편 마틴(37세)은 본국에서 대학을 나온 지식인이고, 아내 크리스틴(35세) 또한 간호학을 전공한 지식인이다. 자녀는 한국에서 태어난 무국적 아동인 첫째 토마스(6세, 남)와 둘째 제인(3세, 여)으로, 모두 건강상태는 양호하다.

다행히도 서울의 민간지원 단체에서 국가공동체를 만나 한국 정착에 대해서 정보를 교환하고 있는 상태였다. 사회복지사가 집을 처음 방문하였을 때, 한국에 거주하고 있는 난민공동체의 정보 덕분에 가족에게 부담이 되는 금액이지만 월 40만 원, 보증금 500만 원의 깨끗하고 비교적 넓은 평수의 집에서 어린 자녀 2명과 함께 거주하고 있었다. 처음 클라이언트 가족이 센터를 찾은 이유는 가족의 생계를 위한 도움과 한국생활 정착을 위해서였다. 이 가족은 기본적으로 어린 자녀를 위한 분유, 따뜻한 옷, 쌀, 장난감 등을 필요로 했다. 이들은 월세와 공과금 등 기본 생계를 유지하기에 경제적으로 어려움을 겪고 있었다. 가족의 체류 상태는 난민신청자 G-1비자(임시비자)로 체류기간과 근로에 매우 제한적인 불안정한 위치에 있었고, 마틴이 공장 일용직 근로로 버는 월 80~100만 원 정도의 수입으로 4인 가족이 생활하고 있었다. 그러나 이마저도 일이 많지 않아 더 적게 받는 달이 잦았다. 보육혜택을 알아보았지만 어린이집과 유치원에서는 한국 국적의 아동에게만 보육료 지원이 적용되어 평균 35~40만 원 이상의 비싼 돈을 주고 어린이집을 이용해야 했다. 참고로 난민신청자는 기초생활수급이 적용되지 않는다.

2) 클라이언트 정보

난민은 난민인정심사를 거쳐야 한다. 한국의 난민신청자는 2017년 4월 기준으로 25,510명이다. 그 중 난민인정자는 694명으로 난민인정률은 3.9%이다. 실제로 난민들은 전쟁, 정치적 의견, 종교, 특정집단, 인종, 국적, 강제징병, 가족결합 등 다양한 이유로 다른 나라로의 이주를 택하게 되지만, 우리나라는 종교, 인종, 국적, 정치적 사유의 네 가지의 경우만 난민으로 인정하고 있다. 이조차도 자국으로 돌아가면 살해나 감금을 당할 수 있음을 본인 스스로 증명해야 난민인정 가능성이 높아진다. 한국에서 난민으로 인정받기 위해 소요되는 기간은 짧게는 1년에서 길게는 10년이 소요되기도 한다. 이 기간 내에 태어나는 아동들은 무국적 · 미등록 아동이라는 또 다른 문제를 가지게 된다.

우리나라는 속인주의[18]를 택하고 있어서 외국인이 출산한 아동은 외국국적을 가지게 되고 자국의 대사관을 통해 출생신고를 해야 한다. 하지만 난민은 출생등록을 위해 자국 대사관에 접촉할 경우 본국에 연락이 닿아 잡혀갈 위험이 있고, 직접 본국으로 돌아가면 역시 생명의 위협이 있기 때문에 아동의 출생등록을 할 수 없는 상황이다. 그래서 최근 많은 이슈가 되었듯 서류상으로 존재하지 않는 미등록 아동이 되어 한국에서 교육과 의료의 혜택을 받지 못하고 살아가게 된다. 자세히 말하자면 우리나라는 중학교까지는

18) 형법의 적용범위에 관한 사고방식으로, 국적을 기준으로 법을 적용하는 주의와 영역을 기준으로 법을 적용하는 주의를 일컫는 용어로 속인주의는 자국영역의 내외를 불문하고 국적을 기준으로 하여 모든 자국민에 대해 법을 적용하는 원칙이다(네이버 지식백과, 2017).

의무교육으로 이뤄지지만 고등학교부터는 학교장 재량으로 바뀌어 진학을 위해 많은 서류와 정보를 스스로 얻어야 한다. 또한 난민신청자는 의료보험이 적용되지 않아 작은 수술에도 가정에 큰 비용 부담이 돌아간다. 난민인정을 받으면 그나마 의료혜택을 받을 수 있지만 한국에서 인정받을 확률은 매우 낮은 형편이다.

크리스틴은 "취업하고 싶어요. 그러나 아이들을 돌봐 줄 곳이 없어요. 남편의 수입으로 자녀를 교육하기에는 돈이 부족해요."라고 사회복지사에게 어려움을 호소했다. 난민공동체에서 가장 많이 듣는 욕구로 취업과 아동보육을 들 수 있는데, 이는 해결하기 가장 어려운 부분이다. 난민공동체와 다니고 있는 한국교회에서 가족을 위해 필요한 정보는 공유가 되지만 실질적인 자원연계나 생계비 지원은 할 수 없는 실정이다.

연습과제

1) 담당 사회복지사가 제안하는 토론

콩고 가족은 스스로 한국을 선택해서 온 강점이 있는 가정이다. 따라서 무조건적인 수혜적 시선으로 자원연계를 하는 것이 아닌 가족의 강점과 힘을 활용할 수 있는 방법을 찾아야 한다. 그러나 비자 유형이 난민신청자로서 취업과 보육 등을 스스로 해결하기에 한계가 많다. 가족의 강점을 활용하면서 생계를 지원할 수 있는 방법은 무엇일까?

2) 역할극

사회복지사가 클라이언트의 강점을 발견하고 격려하는 장면에 대해 역할극을 실시하시오. 역할극을 본 후 학생들은 소감을 나눈다.

3) 사정

동료와 함께 클라이언트를 사정하시오. 생태도를 그리거나 수업에서 배운 다양한 이론을 활용해서 해석하고 기록한다.

4) 모의 사례회의

담당 사회복지사가 나와서 모의 사례회의를 진행하시오.

5) 실천기술 적용

어떤 실천기법, 실천기술, 실천모델을 활용해서 개입하면 좋을지 제안하거나 실천기술이 활용되는 장면에 대한 역할극을 수행하시오.

사정 노트

사례 20

가정불화 속에서 ADHD를 진단받은 아동

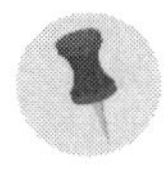

기관소개

1) **기관명**: 고양시아동청소년정신건강복지센터

2) **역사 및 사업특징**: 고양시아동청소년정신건강복지센터는 '꽃보다 아름다운 사람들의 도시 고양'에 걸맞도록 '아동 · 청소년의 건강한 성장을 돕고 마음이 건강한 고양시를 만든다'는 비전과 '행복한 아이, 건강한 가족, 밝은 사회'라는 슬로건을 가지고 2011년 7월에 개소하였다. 본 센터는 생애주기별로 사업을 진행하고 있는데 먼저 모든 영 · 유아, 아동, 청소년들에게 정서 · 행동 문제 및 발달과 관련된 심층사정평가를 진행하고 있으며 이를 바탕으로 치료가 필요하다고 사료된 취약계층(기초생활수급권자 및 차상위 혹은 한부모가정)에게는 치료비 지원 및 사례관리 서비스를 진행하고 있다. 심층사정평가를 제외하고 각 생애주기별로 진행되고 있는 사업을 설명하자면 영 · 유아 대상의 서비스로는 I-CURE(영 · 유아 스마트폰 노출 경과에 따른 추적연구) 사업, 영 · 유아 발달 및 양육방법 교육, 영 · 유아 우울증 예방 프로젝트가 진행되고 있고, 초등학생 대상의 서비스로는 생명존중 및 자살 예방 교육, 멀티미디어 중

독 예방 교육, 학교폭력 예방 교육이 진행되고 있다. 중 · 고등학생을 대상으로는 조기정신증 발견, 정신건강교육, 학교폭력 가해학생 대상 표준선도 프로그램, 우울증 예방 캠페인, 생명사랑 틴틴교실, 보고듣고말하기(자살예방 및 자살중재 교육)가 진행되고 있다. 더하여 행복하고 건강한 공동체를 만들기 위하여 학교와 지역사회의 교사 및 종사자의 역량강화를 위한 교육도 지원하고 있다.

지역사회 특징

고양시의 전체 면적은 268.05㎢로 경기도 북쪽에 2.6%를 차지하고 있으며, 남동으로는 서울과 접하고 북동으로는 양주시, 북서로 파주시, 남서로는 한강을 경계로 김포시와 인접하고 있다. 고양시는 덕양구, 일산동구, 일산서구의 3개구의 행정구역을 갖고 있는데 각 구마다 고층 아파트가 밀집해 있는 지역과 오래된 주택들과 오래된 임대 아파트들이 밀집되어 있는 곳들로 확연히 나누어져 있다. 이에 각 지역의 빈부격차와 교육 수준의 차이가 크며 아동 · 청소년 시기의 아이들이 느끼는 상대적 박탈감이 비교적 큰 도시라고 할 수 있다.

클라이언트 체계

1) 의뢰 과정

처음에 클라이언트 전민성(11세, 남)이 본 센터에 오게 된 계기는 고양시청 드림스타트팀을 통해서이다. 고양시 드림스타트[19]에서 본 기관에 학교적응에 어려움을 겪는 전민성이라는 아동을 위해 심층사정평가를 진행해 줄 것을 의뢰하였다. 이에 어머니에게 연락을 취해 센터로 아동과 함께 내방해 줄 것을 청하였고 일정을 정해 3일 후 본 센터에 내방하여 심층사정평가가 진행되었다.

2) 클라이언트 정보

민성이가 처음 센터에 내방하였을 때의 모습은 까무잡잡한 피부에 큰 키, 허스키한 목소리에 깔끔하고 계절에 적절한 옷차림을 하고 있었으며 경계하는 눈빛으로 센터를 두리번거렸다. 반갑게 인사를 하는 사회복지사에게 민성이는 경계하는 눈빛으로 짧게 "예, 안녕하세요."라고 말을 한 후 소파에 털썩 앉아 모에게 핸드폰을 요구하는 모습을 보였다. 이를 지켜본 사회복지사는 민성이가 해주어야 할 것이 있다고 이야기한 후 상담실로 안내하였고 민성이는 귀찮다는 듯한 표정을 지어 보이고는 모가 다독이자 못이기는 척 상담실로 들어왔다.

19) 고양시에 거주하는 0세(임산부 포함)~만 12세(초등학생 이하) 아동의 성장 및 복지여건이 취약한 저소득, 차상위계층에 있는 아동들에게 맞춤형 통합서비스를 제공하는 기관

민성이에게 처음 간단한 인사를 건네고 SCT 검사지[20]를 제공한 후 민성이가 검사지를 작성하는 모습을 관찰하였다. SCT 검사를 진행하는 동안에 민성이는 검사지에 몰입하여 집중하는 시간이 짧았고, 33개의 질문을 모두 작성하는 데에는 보통의 아동들보다 긴 시간이 걸렸다. 시간이 길게 걸렸음에도 불구하고 글씨는 바르지 못하고 크기가 적절하지 못하며 칸에 글자 수를 다 맞추어 쓰지 못하는 모습을 보였다. SCT 검사지 작성을 끝낸 후 작성된 SCT를 바탕으로 민성이와 면담을 진행하였다. 상담자의 질문 도중에도 민성이는 "이제 나가면 안돼요?"라고 질문하는 모습, 의자에 똑바로 앉아있지 못하고 돌아다니며 이야기를 하는 모습들이 관찰되었다.

다음으로 제시된 부분들은 본 사회복지사와 민성이, 민성이의 어머니와 상담을 하며 파악된 정보들이다.

먼저 민성이는 어머니가 혼전 임신을 하여 출산한 아이로 부모가 계획하지도, 원하지도 않았던 아이라고 했다. 임신 시에 어머니의 스트레스가 심했었고 출산 직후에도 아버지와의 잦은 다툼으로 민성이에게 일관적인 양육을 적절히 제공해 주지 못하였다고 한다. 민성이는 4세 때 처음 어린이집에 가게 되었다고 하며 이때부터 다른 아이들보다 활동량이 많았고 충동적이고 다소 폭력적인 모습들이 어린이집 선생님을 통해 보고되었다고 한다. 이

20) SCT 검사(문장완성검사)는 미완성된 문장을 제공하여 내담자가 자유롭게 문장을 완성하는 방식의 검사로, 간편하면서도 유용한 검사로 사용되고 있다. SCT는 아동용, 청소년용, 성인용으로 구분되어 있다.

에 만 7세 때 처음 정신건강의학과를 찾아 ADHD[21] 진단을 받은 후에 약물치료와 놀이치료를 병행하려고 하였으나 약물치료는 민성이가 약물에 대한 반응이 너무 예민하고 약을 먹으면 토할 것 같고 어지럽다고 호소하여 중단하였고, 바우처 서비스를 통해 2년간 놀이치료만 진행되었다고 한다. 이에 규칙을 조금씩 지키게 되고 시간이 다소 오래 걸리기는 했지만 숙제를 하려고 노력하는 등의 긍정적인 변화가 있었다고 한다. 그러나 바우처 서비스가 종료된 이후 경제적 어려움으로 인해 현재 모든 치료가 중단된 상황이라고 하였다. 클라이언트의 어머니는 41세로 이름은 김채원이고 중소기업에서 회계 업무를 담당하고 있다고 하였다. 큰 키에 마른 몸, 하얀 얼굴, 뚜렷한 이목구비를 가진 여성으로 상담 시에 눈 맞춤이 적절하였고 자발적 발화량이 많았으며 가지고 있는 에너지가 많은 사람처럼 보였으나 현재의 상황에 무기력해진 것처럼 보였다. 본인의 보고로는 활달하고 사람을 좋아하며 꼼꼼한 성격이며 최근 남편과 민성이의 문제로 인해 스트레스가 과도하여 가슴 답답함과 역류성 식도염이 생겼다고 한다. 스트레스는 대부분 교회에서 목사님, 사모님과 이야기를 하거나 두세 명의 친구들과 수다를 떨며 푸는 편이라고 한다. 민성이의 부는 모와 나이 차이가 6살이 난다고 한다. 결혼 전에는 남편의 집안이 부유하였으나 결혼 후 여러 번의 사업 실패로 인해 남편이 술을 먹는 날이 잦아졌다고 하며 현재는 운송업에 종사하며 일이 있는 날에만 일을

21) 주의력결핍/과잉행동 장애(Attention Deficit/Hyperactivity Disorder: ADHD)는 아동기에 많이 나타나는 장애로, 지속적으로 주의력이 부족하여 산만하고 과다활동, 충동성을 보이는 상태를 말한다.

나가고 일이 없는 날에는 술에 취해 있는 시간이 많다고 한다. 이렇게 일이 없어 술에 취해 들어오는 날에는 자신에게 폭언을 일삼고 물건들을 던지기도 하는 모습들을 보였다고 하며, 최근 들어 지인을 통해 주식을 시작하게 되어 타인에게 많은 돈을 빚지게 되었다고 한다. 민성이의 치료에 대해서는 "니가 아이를 정신병자로 만드는 거야."라고 비난하며 비협조적인 모습을 보이고 있다고 한다. 민성이가 보고하고 있는 아버지의 모습은 힘이 세고 무섭지만 자신에게 자유를 주는 사람이라고 표현하며 아버지는 무조건적으로 좋은 사람이라고 표현하였다. 어머니에 대해서는 어떤 때는 좋고 어떤 때는 별로인 사람이라고 표현하였으며 그 이유에 대해서는 어머니와는 숙제를 하는 것에 있어서 많이 다투기 때문이라고 하였다. 민성이는 엄마 아빠가 싸울 때에 많은 죄책감을 느낀다고 말하였는데 그 이유는 부모님이 다툴 때면 자신 때문에 싸우는 일이 잦기 때문이라고 하였으며 그 상황을 말릴 수도 없는 자신에 대한 죄책감을 보고하였다. 현재 4학년이 된 민성이는 친한 반 친구들은 3명, 방과 후에 함께 어울리는 친구들은 5명 정도로 이 친구들과는 자주 다투기도 하지만 모두 학원에 다니지 않고 방과 후에 거의 매일 모여 저녁시간 전까지 함께 노는 친구들이라고 하였다. 어머니는 요새 들어 민성이가 학교에 가는 것을 힘들어 하고 싫어하는 모습을 보인다고 하며 유난히 아침 시간에 싸우는 시간이 잦아졌다고 했는데 그 이유를 담임선생님 때문이라 생각한다고 하였다. 3학년 때까지는 어머니가 담임선생님에게 민성이의 특성에 대해 미리 이야기를 하고 양해를 구할 시에 이를 잘 이해해 주셨던 분이었기 때문에 학교에서 주의집중의 어려움과 과잉행동을 보였어도 담임선생님의 배려로 비교적 적응을 잘 하며 지냈지만 이번 담임선생님께서는 민성이의 주의집중을 잘 하지 못하는 모습, 튀는 행동들을 공개적으로 지적하고 민성이가 알림장을 쓰는 시간을 기다려 주지 않는 등, 민성이도 다른 친구들과 동등하게 대해야 한다는 태도를 취하고 계신다고 한다. 또한 꼼꼼하신 성격 탓인지 각 과목별로 숙제도 많이 내 주신다고 한다. 이러한 이유로 민성이의 학교 적응은 이전보다 더 어려워진 상황으로 보였다.

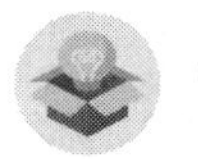

연습과제

1) 담당 사회복지사가 제안하는 토론

① ADHD의 경우 약물치료가 필수적 치료로 알려져 있다. 그러나 민성이는 약물에 대한 부작용이 심해 약물치료가 쉽지 않은 상황이며 아버지의 치료에 대한 비협조적인 태도로 이전에 민성이에게 약을 먹일 때에도 아버지에게는 비밀로 하고 먹였던 상황이었다. 4학년이 되고 놀이치료가 중단되며 심해진 민성이의 과잉행동에 이미 많이 지친 어머니는 약에 대해 아이가 느끼는 부작용을 알면서도 아이와 아빠를 속이면서 약을 먹여야 하는지에 대해 고민을 하고 있는 중이다. 이러한 고민을 어머니가 하고 있는 경우, 민성이에게 ADHD 약을 지속적으로 먹일 수 있도록 권해야 하는 것이 맞는 것인가? 이에 더하여 이와 같은 부분은 어머니의 판단으로만 행해지는 부분이 맞는 것인가?

② 민성이의 아버지의 경우 폭언과 폭력성이 자주 나타나며 주식으로 가계의 빚만 늘려가고 있으며 민성이의 치료에도 비협조적인 모습들을 보이고 있는 상황이다. 이런 상황에서 어머니와의 만남을 통하여 그저 어머니를 지지하는 방법만으로 사례관리를 지속하는 것이 옳은가?

2) 역할극

사회복지사가 어머니를 만나서 어머니의 생각을 변화시키는 인지적 개입과정에 대해 역할극을 실시하시오. 역할극을 본 후 학생들은 소감을 나눈다.

3) 사정

동료와 함께 클라이언트를 사정하시오. 생태도를 그리거나 수업에서 배운 다양한 이론을 활용해서 해석하고 기록한다.

4) 모의 사례회의

담당 사회복지사가 나와서 모의 사례회의를 진행하시오.

5) 실천기술 적용

어떤 실천기법, 실천기술, 실천모델을 활용해서 개입하면 좋을지 제안하거나 실천기술이 활용되는 장면에 대한 역할극을 수행하시오.

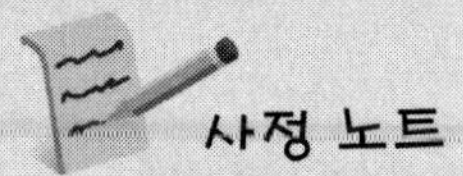
사정 노트

사례 21

약물복용을 거부하고 지역사회로 나오고 싶어 하는 정신장애인

기관소개

1) **기관명**: 수원시성인정신건강센터

2) **역사 및 사업특징**: 수원시성인정신건강센터는 정신보건법에 근거하여 1996년 수원시정신보건센터[22)]로 개관한 이래 20년간 꾸준한 변화와 성장을 거듭하며 정신장애인에 대한 '입원과 수용 위주의 관리'로부터 '지역사회 치료와 관리'로 개념의 변화를 시도하였다. 수원시성인정신건강센터는 시민의 정신건강과 정신질환의 예방·치료·재활을 돕고, 정신장애인이 지역사회 내에서 그들이 원하는 삶을 자유롭게 살아갈 수 있도록 하며 나아가 건강한 정신과 함께하는 건강한 사회를 만드는 것을 목적으로 한다. 생애주기별[23)] 정신건강사업은 기초정신건강증진센터에서 사업별로 진행

22) 1995년 「정신보건법」 제정으로 정신보건센터라는 명칭을 사용하기 시작하였다. 2013년 「정신보건법」 일부 개정에 따라 정신건강증진센터로 명칭이 변경되었으며 2016년 「정신보건법」 전부 개정으로 전국에 있는 정신건강증진센터가 정신건강복지센터로 명칭을 변경하고 있는 중이다.

23) 「정신건강복지법」 제7조 3항에서는 국가계획의 수립 시 영·유아, 아동, 청소년, 중·장년, 노인 등에 대한 생애주기별 사업을 계획하도록 명시하고 있다.

하는 것이 일반적이나 수원시는 클라이언트에게 더 많은 맞춤 정신건강서비스가 제공되도록 아동청소년, 성인, 노인, 일반 시민 각 대상별 독립 센터로 분리하여 운영되고 있다.

수원시성인정신건강센터는, 첫째, 만성정신장애인 관리사업의 일환으로 만성정신장애인 발굴 및 등록확대, 등록회원 사례관리, ACT 기반 사례관리,[24] 사회재활, 직업재활 프로그램 운영, 사회적응을 위한 문화 · 여가 · 예술 · 체육 프로그램, 각종 연합행사, 가족지원 등을 실시하고 있으며, 둘째, 조기개입 체계구축사업의 일환으로 고위험군 심층상담, 조기정신증[25] 조기개입 프로그램 운영 및 관리, 관련인력 및 전문요원 역량강화를 위한 교육을 실시하고 있다. 마지막으로, 정신건강 환경조성사업으로 자원봉사자 교육 및 관리, 위원회 및 네트워크 구축사업, 홍보사업, 지역조사 및 연구사업 등을 실시하고 있다.

지역사회 특징

수원시는 경기도 내 최대도시로 보건 및 복지시설이 다양하게

24) The Assertive Community Treatment(ACT): 1960년대 초 위스콘신 매디슨의 멘도타 주립병원에서 병원과 응급실 이용을 줄이고 지역사회에서 생활을 유지할 수 있도록 하고자 고안된 치료 모델이며 24시간 모니터링 및 응급개입 시스템을 구축을 통해 지역사회생활을 지원한다.

25) 조기정신증(Early Psychosis): 발병 전 전구기(발병 이전의 징후) 기간과 첫 발병 정신증의 초기를 아우르는 개념이다. 즉, 정신증은 발병 이전에 평균 1~4년 정도의 전구기를 거친다고 본다(2007, 연세대학교 산학협력단; 조기정신증의 예방 및 정신사회적 개입프로그램의 개발).

분포되어 있으며 약 125만 명이 4개 구에서 거주하며 생활하고 있다. 수원시는 정신건강 지원을 위해 1996년 우리나라 최초로 정신보건센터를 개소하여 2010년에는 생애주기별 정신건강사업이 가능하도록 아동·청소년정신건강센터, 노인정신건강센터가 각 구별로 분리되었고 본 센터가 수원시성인정신건강센터로 역할을 수행하고 있다. 2014년 수원시행복정신건강센터(일반 시민 대상)가 개소했으며 중독관리통합지원센터, 자살예방센터가 별도로 운영되고 있다. 또한 경기도정신건강증진센터 1개소, 정신재활시설[26] 13개소, 경기도박중독예방치유센터 1개소가 있다.

본 센터 이용 가능 연령은 20~59세로, 4개 구에 성인인구 총 780,464명이 대상이 될 수 있다. 5년 단위로 실시되는 정신질환실태 역학조사에 따르면, 지역 내 모든 정신장애인 190,921명, 니코틴, 알코올 사용장애 제외 시 121,712명이 정신과적 어려움을 겪고 있으며 실질적 대상자가 된다. 정신질환의 1년 유병률은 2006년 8.3%, 2011년 10.2%로 점차 증가하고 있으며 공공과 민간 기관에서 본 센터의 도움을 요청하는 경우가 급격히 증가하여 구별 민·관(구청, 행정복지센터, 경찰서, 정신의료기관, 사회복지기관, 보건복지부 콜센터 등) 38개 기관과 협력회의 및 사례공유회의를 하고 500명 이상의 회원에게 서비스를 지원하고 있다.[27]

26) 2016. 5. 29.「정신건강증진 및 정신질환자 복지서비스 지원에 관한 법률」제정 및 2017. 5. 30. 시행에 따라 '사회복귀시설'이 '정신재활시설'로 변경되었다(이하 정신건강복지법).

27) 수원시 통계(2016) 및 수원시성인정신건강센터 현황(2017) 자료에 근거하였다.

클라이언트 체계

1) 의뢰 과정

클라이언트인 나인권(30세, 남) 씨는 지역정신병원에 입원 중이다. 2주 후면 6개월이 되어 퇴원을 앞두고 있는 상황에서 주치의의 권유에 의해 사회사업팀의 지원을 받아 본 센터에 의뢰되었다. 병원의 담당 사회복지사는 나인권 씨의 퇴원계획[28]으로 지역사회에서 지속적인 치료 및 재활을 받는 것이 목적이라고 하였고 어머니인 강숙자(60세) 씨 역시 나인권 씨가 약을 복용하지 않고 가정 내 함께 있을 때 마찰이 일어나기 때문에 너무 힘들다고 호소하였다. 강숙자 씨는 나인권 씨가 자의입원은 하지 않으며 보호 의무자에 의한 입원 외에 현 상황을 해소할 방법이 없다고 말했고, 최근 정신건강복지법의 입원제도[29]의 변화 때문에 입원이 어려워졌다고 하였다. 지푸라기라도 잡는 심정으로 도움을 요청하게 되었고 이에 본 사회복지사는 나인권 씨를 지원하기 위해 병원에 방문하였다.

28) 퇴원(퇴소)계획 및 사후관리: 병원에서 퇴원을 하거나 정신재활시설을 종결하는 경우 타 기관 및 시설로 의뢰하여 사후관리하는 과정이다(정신건강사회복지사 수련지침서).

29) 정신건강복지법 "제5장 보호 및 치료": 보호의무자에 의한 입원(제43조)은 비자발적 입원의 요건으로 정신질환 및 자·타의 위험이 있는 사람으로 규정하고 보호의무자 2인의 동의, 정신과 전문의 1인과 소속이 다르며 국가에서 지정한 정신과 전문의 1인의 소견이 일치해야 3개월간 입원할 수 있다.
*(제3조 제1호) '정신질환자'란 망상, 환각, 사고나 기분의 장애 등으로 인하여 독립적으로 일상생활을 영위하는 데 중대한 제약이 있는 사람을 말한다.

2) 클라이언트 정보

본 사회복지사는 지역병원에 방문하여 나인권 씨를 만났고 MSE[30)]를 진행했다. 그는 180cm 이상의 키에 80kg 이상의 건장한 체격을 가지고 있었고 머리를 감지 않아 기름지고 덥수룩한 상태였다. 어깨는 처져 있었고 표정의 변화가 거의 없었으며 본 사회복지사를 경계하는 태도를 보였다. 오늘이 몇 월 며칠인지, 본 사회복지사는 누구인지 물었고 정확한 날짜와 직업을 말했다. 하지만 그는 눈을 맞추며 대화하기 힘들어 하였고 면담 도중 간헐적으로 벽을 보며 "입 닥쳐. 니가 그랬지. 다 죽여버릴거야."라고 하며 Self-talking[31)]을 보였다. 질문에 집중할 수 있도록 누구와 대화하는지, 어떤 부분이 가장 힘든지 묻자 "저는 아무 말도 안 했는데요? 아무도 저를 도와줄 수 없어요. 무슨 도움을 줄 수 있는데요?"라며 방어적인 모습을 보였다. 어머니인 강숙자 씨는 "인권이가 지금은 괜찮아요. 약을 먹으니까요. 근데 약을 먹지 않으면 증상들이 많아져요. 예를 들면, '사람들이 나를 무시한다.' '내 욕을 한다.' 라고 하거나 '누군가 나를 해칠 것 같다.' '주변에 카메라가 있어 나를 감시하고 있다.' 등의 이야기를 해요. 망상[32)]이죠. 그건 사실이 아니

30) 정신상태검사(Mental Status Examination): 외모, 전반적 태도 및 행동, 사고진행 및 내용, 지각, 감정반응, 지적능력, 의식, 병식 등을 점검하여 클라이언트의 상태를 이해한다. MSE는 상담이 종료될 때까지 지속적으로 활용한다.

31) 조현병의 양성증상의 환각 중 환청과 대화하거나 본인의 의사를 무의식중에 표현하는 과정에서 발생된다. 환청은 사람일 수도 있고 성별이 있을 수 있으며 신, 기계, 동물 등의 소리일 수도 있다. 내면에서 들리는지, 외부에서 들리는지 감별하는 것도 필요하다. 환청이 가장 흔하며 환시, 환후, 환촉, 환미는 흔하지 않다.

32) 조현병의 양성증상 중 하나이며 비현실적이고 확고한 신념을 의미한다. 예문에 나온 망상은 두 가지이며 ① 관계망상: 다른 사람들과 내가 연관되어 있

라고 설명했지만 계속 그러니…… 제가 힘들 수밖에요." 나인권 씨는 강숙자 씨에게 "내가 언제 그랬어? 말도 안 되는 소리 하지 마." 라며 저항하였고 본 사회복지사는 더 이상 면담 진행이 어려울 것으로 판단되어 보호자와 담당 사회복지사를 상담실에서 나가도록 요청하였다.

사회복지사는 수원시성인정신건강센터의 역할에 대해 안내했고 입원하지 않고 건강하게 생활하고 있는 회원들의 경험담을 이야기하며 한동안 질문하지 않았다. 이후 나인권 씨에게 가장 원하는 것이 무엇인지 물었고 "안 될 거 알아요. 그런데 퇴원하고 싶어요. 제가 그림을 그렸었어요."라고 답했다. 이에 퇴원계획을 함께 수립할 수 있으며 그림을 그릴 수 있도록 지원할 수 있다고 제안했다. 또한 가족과 병원에서는 약물복용 및 재활하는 것에 대해 말했는데 이에 대해 어떻게 생각하는지 묻자, "약물복용하고 싶지 않은데요. 저는 아프지 않아요. 그리고 매일 관심도 없는 부분에 참여하고 싶지 않아요."라고 말했다. 병원에 입원한 것이 얼마나 되는지 묻자, "한…… 6~7회 되나…… 왜 물어보세요? 왜 입원했냐고요? 나는 괜찮은데 약 먹으라고 강요하고 약 안 먹었더니 입원시켰어요. 다시는 입원하고 싶지 않아요."라고 하였다. 이에 약물복용을 하지 않는 이유에 대해 묻자, "중독되잖아요. 그리고 약을 먹으면 몸이 뻣뻣하게 굳어지고 처지고 잠만 와요. 변비도 생겼어요.

다고 확신하는 것, ② 피해망상: 나를 해하거나 감시한다고 믿는 것을 의미한다. 망상은 비장애인에게는 비현실이지만 정신장애인에게는 현실이기 때문에 이를 부정할 경우 관계가 깨질 수 있다. 따라서 상대가 상황에서 느낄 감정만 공감하도록 한다. (예: "아, 제가 그런 상황을 경험하지 못해 잘 모르겠지만, 제가 만일 그 상황이라면 당황했을 것 같아요.")

그리고 입도 마르고…… 근데 이거 왜 물어보세요? 병원 진료 볼 때 말 안 하거든요." 본 사회복지사는 약물에 의한 부작용[33]임을 안내하였고 현재 약물이 나인권 씨에게 맞지 않는데 부작용에 대해 말하지 않아 그대로 처방되고 있었다고 설명했다. 더불어 앞으로도 약물복용을 하지 않을 것인지 묻자, 경계하며 "그건 제가 알아서 할게요."라고 답했다.

사회복지사는 나인권 씨에게 더 상담을 진행해도 될지 물었고 "힘들 것 같은데……. 뭐 할 말이 더 있나요?" 라고 했으나 더 상담이 진행될 수 있다고 판단하여 그동안 어떻게 살아왔는지 질문하였다. 나인권 씨는 음주와 폭력을 일삼는 아버지 때문에 매일 불안하게 살았고 이가 싫어 집에 있는 시간이 적었다고 했다. 또한 그림을 그릴 때 마음이 편안하고 나를 표현할 수 있어 미술학원을 꾸준히 다녔는데 아버지는 "돈도 안 되는데 뭐 하러 해! 돈만 쓰고 쓸모없이 하라는 공부는 안하고 그림이나 그리고 있어? 공부 안 해?" 라고 비난하고 욕했으며 어머니인 강숙자 씨와 본인을 자주 때렸다고 한다. 그 상황에 익숙해지고 중 · 고등학교를 거치면서 그림을 그만두게 되었다고 했다. 점차 혼자 있는 시간이 많아지며 친구들과 어울리는 것이 힘들어졌고 고등학교 2학년(18세) 때에 학급 친구와 갈등이 있어 따돌림을 받게 되었다. 언제부턴가 친구들의 수군거림이 내 이야기를 하는 것 같다는 생각이 들고 식은땀이 났

33) 항정신병 약물의 부작용으로 가장 흔하게 입 마름, 몸이 뻣뻣하게 굳거나 변비가 생기기도 한다. 1세대 약물의 경우 부작용이 심하고 양성증상만 효과적이나 2세대 약물의 경우 양성과 음성 증상에 영향을 미치며 부작용이 비교적 적다는 평가가 많다. 단, 어떤 약물이든 개개인 마다 효과가 다를 수 있어 주치의에게 부작용을 말하고 적절한 약물을 사용하도록 안내하는 것이 중요하다.

으며 학교에 가고 싶지 않고 삶이 의미 없다고 생각했다고 말했다. 결국 학교를 자퇴하고 혼자 지내게 되면서 듣지 못했던 소리, 어머니는 들을 수 없는 소리를 듣게 되었다고 말했다.

사회복지사는 처음 보는 사람에게 여태까지 이야기를 해 줘서 고맙고 많은 용기를 내셨기에 도움이 될 수 있도록 노력하겠다고 말하며 지지했다. 화제를 돌려 나인권 씨의 자살시도에 대해 질문했고 과거에는 했으나 현재는 시도하지 않는다고 했다. 이에 자살사고[34)]가 있을 경우 주변에 알려야 한다고 안내했다. 나인권 씨는 더 이상 상담을 진행하는 것에 대해 거부감을 표현하였고 도움이 필요할 시 언제든 연락줄 것을 안내하며 상담을 마무리하였다.

나인권 씨에 대한 객관적 사정을 위해 면회 마무리 후 강숙자 씨와 추가상담을 진행하였다. 그동안 나인권 씨가 약물중단으로 입·퇴원을 반복했으며 병동 내 사람들과 어울리려 하지 않고 혼자 지내는 시간이 많았다고 했다. 또한 자의로 입원한 경험이 없으며 어머니에 대해 양가감정을 가지고 있다고 했다. 강숙자 씨는 기초생활수급비로 생활하고 있으며 일부 필요한 생필품은 폐지수집을 통해 구입하고 있으나 최근 허벅지와 종아리에 통증을 호소하였다. 경제적 비용이 걱정되어 병원을 이용하지 않고 있다. 아버지 나민수(65세) 씨는 클라이언트를 비난하고 질책하며 폭력을 사용했고, 이혼 후 별거 중에 음주를 하며 당뇨, 고혈압을 관리하지 않아 합병증으로 2015년에 사망했다고 했다. 강숙자 씨의 가족들은

34) 자살사고 다루기: 이전 자살시도 유무, 정신과 질환의 유무, 음주여부, 자살방법, 자살일정, 힘들 때 이야기할 수 있는 대상이 있는지 구체적으로 질문하여 내용을 점검한다.

경상도에 거주하고 있어 도움을 줄 수 없는 상황이기 때문에 퇴원 후가 걱정된다고 했다. 본 사회복지사는 나인권 씨가 퇴원하게 될 경우 가정에 방문하고 싶다고 말했고 이에 너무 누추해서 사람들이 오지 않았으면 좋겠다고 답하였다. 현재 집안 곳곳에 곰팡이가 피어 있고 천장에서는 간헐적으로 물이 새고 있어 장마가 걱정된다고 했다. LH주택공사에서 임대주택 관련 사업을 하고 있으니 행정복지센터에 문의해 봐도 좋을 것 같다고 안내하며 상담을 종료했다.

본 사회복지사는 나인권 씨가 퇴원하기 전까지 지속적으로 방문하여 라포형성을 시도했고 퇴원 후 본 센터 이용의 욕구를 보이지 않아 개입하지 못했다. 1개월 후 나인권 씨는 약물중단 및 공격적인 모습을 보여 경찰과 동행하에 보호의무자에 의한 입원으로 재입원했으며 안정병동에서 퇴원을 요구하며 문을 발로 차고 욕하며 공격적으로 행동하였다. 결국 안정실[35] 에서 강박 및 안정제를 투여 받았으며 안정 후 안정병동으로 이동하여 다시 생활하고 있다.

사회복지사는 재입원일로부터 약 2주 후에 어머니와 함께 다시 병원에 방문했다. 나인권 씨는 본 담당자 면회에 처음으로 반응을 보였고 상담에 응했다. 최근 근황을 물었을 때 불편하고 힘들다며 왜 이렇게 지내야 하는지 답답하다고 표현했다. 어머니에 대한 불만과 그리움에 대한 양가감정 때문에 퇴원 후가 걱정된다고 했다. 이에 사회복지사는 병원 외에도 이용할 수 있는 자원이 많다는 것을 설명했다. 예를 들면, 정신건강복지센터에서 약물관리, 일상생

35) 정신의료기관 내 1인실로 환자들이 안정을 취할 수 있도록 만든 장소이며 안정병동(구 폐쇄병동) 근처에 위치한다.

활, 사회기술, 교육, 여가, 사회재활, 직업재활 등의 서비스를 이용할 수 있으며 낮 시간 동안 서비스를 이용할 수 있는 정신재활시설도 있고, 이 곳에서는 매일 많은 시간 동안 상담을 받을 수 있으며 삶과 관련된 다양한 경험을 할 수 있다고 소개했다. 무엇보다도 스스로 선택하고 결정할 수 있는 기회가 있고, 단절되었던 대인관계를 넓혀 나갈 수 있다고 설명했다. 나인권 씨는 한참 동안 침묵을 유지했다. 그는 고민하고 있었다. 사회복지사는 그가 충분히 고민할 수 있도록 기다려 주었고 이에 곧 "잘 모르겠어요. 한 번 가볼까요……. 아니…… 나중에요."라고 답했다. 나인권 씨의 새로운 답변을 지지하며 이것 외에도 공동생활가정[36]이나, half way house[37] 같은 다양한 서비스들이 많으니 궁금하다면 다음 면회 때 알려 주겠다고 하고 다시 만날 수 있도록 여지를 남겼다. 나인권 씨는 최근 병동에서 자신과 대화를 나누고 있는 동료에게 시설이용에 대한 정보가 많기 때문에 따로 물어보겠다고 했고, 다음 주에 다시 만나기를 약속하며 상담을 종료했다.

36) 완전한 독립생활은 어려우나 어느 정도 자립능력을 갖춘 정신질환자 등이 공동으로 생활하며 독립생활을 위한 자립역량을 함양하는 시설이다. 이용인원은 4~6명이며 주간에만 직원이 근무하기 때문에 야간에는 회원들만 생활하며 일반적인 생활시설에 비해 자유로운 편이다.

37) 지역사회 전환시설(단기보호시설/half way house): 지역 내 정신질환자 등에게 일시 보호서비스 또는 단기 보호서비스를 제공하고, 퇴원했거나 퇴원계획이 있는 정신질환자 등의 안정적인 사회복귀를 위한 기능을 수행하며, 이를 위한 주거제공, 생활훈련, 사회적응훈련 등의 서비스를 제공하는 시설이다. 서울의 경우 2주 적응기간을 거친 뒤 입소하게 되며 3개월, 6개월까지 생활이 가능하다.

연습과제

1) 담당 사회복지사가 제안하는 토론

① 자기결정권: 정신질환으로 어려움을 겪고 있는 나인권 씨는 자의입원은 물론, 약물복용에 대해서도 거부적이다. 이러한 상황에서 보호의무자에 의한 입원을 하지 않으면 많은 증상이 보일 것이기에 강숙자 씨는 물론, 지역에 살고 있는 주민들도 민원을 제기하고 그를 두려워할 것이다. 가족인 강숙자 씨의 삶과 지역주민을 존중해야 할까? 당사자인 나인권 씨의 자기결정권을 존중해야 할까?

② 치료 vs. 인권: 나인권 씨는 보호의무자에 의한 입원으로 병원에 재입원하게 되었다. 분노한 그는 행동을 조절하지 못하고 표현하였고 병동에 있는 다른 동료들에게 위협이 되었다. 또한 자신의 몸으로 표현하고 있기 때문에 자해의 우려도 있다. 치료를 위한 격리 및 강박이 필요할까? 장애인 중 인권영역에서 가장 취약성을 가진 정신장애인의 신체적 자유권을 침해하는 것은 아닐까?

③ 개입의 범위와 책임: 나인권 씨는 약물복용을 하지 않으며 스스로 사회적 고립, 대인관계 단절, 자 · 타의 위협이 항상 존재한다. 정신건강전문요원의 권한[38]에 따라 입원을 강제할 수 있다. 가족이 요청하면 실행해야 할까? 클라이언트가 퇴원했을 때 나의 안

38) 「정신건강복지법」 "제5장 보호 및 치료" 중 행정입원의 신청권자가 정신과전문의 또는 정신건강전문요원에서 정신과전문의 또는 정신건강전문요원과 경찰관이 함께 신청해야만 가능한 것으로 변경되었다.

전은? 정신건강사회복지사로서 욕구가 없는 클라이언트에게 어디까지 개입해야 할까?

2) 역할극

사회복지사가 클라이언트에게 임파워먼트를 부여하는 장면에 대해 역할극을 실시하시오. 역할극을 본 후 학생들은 소감을 나눈다.

3) 사정

동료와 함께 클라이언트를 사정하시오. 생태도를 그리거나 수업에서 배운 다양한 이론을 활용해서 해석하고 기록한다.

4) 모의 사례회의

담당 사회복지사가 나와서 모의 사례회의를 진행하시오.

5) 실천기술 적용

어떤 실천기법, 실천기술, 실천모델을 활용해서 개입하면 좋을지 제안하거나 실천기술이 활용되는 장면에 대한 역할극을 수행하시오.

사정 노트

사례 22

가족구성원 모두 위기에 놓인 클라이언트

기관소개

1) **기관명**: 미추홀종합사회복지관

2) **역사 및 사업특징**: 미추홀종합사회복지관은 2001년에 개관하였다. 주요 부서를 소개하면 복지1과는 복지관 운영 · 행정을 총괄하며 총무 회계, 행정총괄 및 인사, 시설 관리, 경로식당 운영 · 관리를 실시하고 있다. 복지2과는 서비스제공팀과 지역사회보호팀으로 구성되어 있고 주요 사업은 방과 후 교실, 사회교육, 자활사업, 급식서비스, 멘토링, 가족관계증진서비스를 실시하고 있으며 아동 · 청소년 발달 상담센터에서는 미술치료, 언어치료를 실시한다. 복지3과는 지역조직사업, 사례관리사업을 실시하며 지역조직화팀에서는 복지신문, 주민조직 및 강화로 시민기자단과 유화교실 및 퀼트교실을 운영하고 있고 주민동아리와 자원봉사 · 후원자 개발 및 관리를 실시하고 있다. 사례관리팀은 사례관리네트워크, 슈퍼비전, 위기가정지원사업으로 지역사회 취약계층의 문제해결과 자립을 위해 사업을 실시하고 있다. 부설 기관으로는 재가노인지원서비스센터와 장애주간보호센터가 있다.

미추홀종합사회복지관은 개관에 앞서 2001년 5월 16일에는 인천보호관찰소의 사회봉사명령집행 협력기관에 선정되었다. 2002년 1월에는 요보호아동 방과 후 프로그램 '해바라기 교실'을 개소하였으며, 그해 3월에는 미추홀노인주간보호센터, 6월에는 공동 작업장을 개소하였다. 2004년 1월에 재가복지봉사센터를, 2월에 미추홀장애아동주간보호센터를 개소하였고, 2005년 7월 가정봉사원파견센터를 개소하였다. 2007년 6월에는 미추홀노인주간보호센터가 사회복지봉사활동인증센터로 지정되었으며, 2008년부터는 미추홀노인복지센터에서 장기요양서비스를 실시하고 있다. 2011년에는 누리봄가족상담센터(2017년에 아동청소년발달상담센터로 명칭 변경)를 개소하여 지역사회 취약계층에게 심리상담 및 치료를 무료로 제공하는 사업을 실시하였다.

 지역사회 특징

본 기관이 위치한 지역은 유해상업지구와 공단지역이 맞물려 있고 저소득층이 밀집되어 있어 아동들에게 유해한 상업지역에 둘러싸여 있다. 또한 대부분의 부모들이 맞벌이로 경제활동을 하고 있다. 주민들은 문화 공간 부재, 열악한 교육 및 주거환경, 문화적 결핍 등으로 인해 사회 · 경제적으로 소외되어 있고, 특히 아동과 청소년들은 학교 부적응 등 많은 문제를 겪고 있다. 실제로 복지관에서 관할하는 지역에는 독거노인 인구가 많고 한부모가족, 저소득

가족도 많이 거주하고 있다. 지역사회 자원으로서 지역재단(미추홀공덕회, 어린이재단, 적십자, 공동모금회)과 복지기관(남구지역자활센터, 남구정신보건센터, 아동 · 청소년발달상담센터, 남구건강가정지원센터, 인천아동보호전문기관 등), 교육기관(미추홀특수학교, 연일학교, 밝음어린이집), 지역상점(파리바게트, 돌판향기, 궁전사우나, 떡볶이세상, 던킨도너츠, 김밥천국, 반찬마을 등), 지역사회단체(두레지기, 주부9단, 유화교실) 등이 본 기관과 교류하고 있으며 구청, 행정복지센터, 지역사회보장협의체, LH한국토지주택공사, 인천사랑병원 등도 본 기관과 협력적인 관계를 유지하고 있다.

클라이언트 체계

1) 의뢰 과정

사회복지사가 클라이언트 김민식(47세, 남) 씨를 처음 만나게 된 계기는 대한적십자사의 의뢰 때문이다. 김민식 씨가 퇴근 후 집에 들어갔는데 첫째 자녀가 집 안을 엉망으로 어지른 것을 본 순간 화를 이기지 못하고 자신도 모르게 옆에 있던 병으로 자녀의 엉덩이를 때려 상처를 입혀 병원에 가게 되었다. 김민식 씨는 아동폭력으로 인천아동보호전문기관에서 자녀 양육에 대해 개입하고 있었으며 자녀와 3개월간 분리되었다. 또한 집 안에 쓰레기를 치우지 않아 냄새가 심해 이웃들이 주민센터에 민원을 넣어 주민센터에서 집 안의 쓰레기를 정리하여 주었고, 대한적십자사(인천지사)에서는 환경개선 서비스(청소, 도배, 장판, 싱크대 교체)를 지원하였다. 사회복지사는 의뢰된 내용을 바탕으로 가정방문을 하였다. 가족구성원을 모두 만나는 데 두세 차례 상담이 무산되었고 부부가 회피하는 모습을 보였다. 자녀 분리로 불안정한 심리가 내재되어 있었다. 사회복지사가 후원품을 가지고 방문하였기에 첫 만남을 실시할 수 있었다. 분명 주거환경개선서비스가 제공되었지만 문 앞에서부터 쓰레기 냄새가 났다. 아내인 최진실(39세) 씨가 집안을 정리한다고 하지만, 어린 자녀들이 생활하기에는 청결에 대한 인지가 부족해 보이며 자녀들의 발달지연으로 양육에 어려움을 느끼고 교육에 대해서도 무관심해 보였다. 입구에 들어서자마자 자녀들은 부모 뒤에 숨으며 담당자를 경계하였고, 분리되었던 기억 때문에 부모와 말하는 것조차 원하지 않아 하였다. 담당자는 상담을 진행할 수 없어 다음 주에 다시 방문하기로 하였고, 의뢰된 지 두 달 만에 사정을 실시할 수 있었다.

2) 클라이언트 정보

클라이언트는 작고하신 어머님의 집에서 거주하고 있으며 3개의 방과 거실과 부엌이 하나로 연결된 곳에서 다섯 식구와 거주하고 있다. 부부는 술자리에서 만나게 되었고, 당시 최진실 씨는 가정이 있었으나 남편의 폭력으로 별거 중이었다. 최진실 씨는 김민식 씨의 다정함에 끌려서 이혼을 한 뒤 그와 새로운 가정을 꾸렸다. 현재 부부는 슬하에 4명의 자녀가 있다. 당시 클라이언트는 이혼녀와 결혼했다는 낙인 때문에 원가족과 단절되었다. 최진실 씨는 3남매로 원가족 내에서 방임과 폭력 속에서 성장하였고, 오빠와 언니 모두 지적장애 3급을 판정받았다.

현재 가족은 모두 안방에서 거주하고 있으며 2개의 방은 정리가 되지 않은 채 물건들이 놓여 있어 생활할 수 없었다. 도배, 장판, 방충망은 찢어져 엉망이었고, 집안 곳곳에 창문과 문고리가 망가져 있었다. 창문을 열어 두면 첫째 자녀 김민우(13세, 남)가 밖으로 물건을 집어 던져 보상금을 지급해야 하는 일도 다수였다. 클라이언트는 혈소판감소증이라는 유전질환을 앓고 있고, 부인은 경계성 지적장애이고, 다자녀이므로 조건부 수급 판정을 받은 이후 클라이언트는 자활에 참여하였다. 최진실 씨는 시설에 간 자녀 1명을 제외하고 3명의 자녀를 가정에서 양육해서 근로활동을 할 수 없었다. 가족구성원은 클라이언트를 제외하고는 청결이 좋지 않고 냄새도 많이 나 주민들이 가까이 하려고 하지 않았다. 첫째 자녀 김민우는 뇌병변, 지적장애 1급으로 선천적 장애를 앓고 있어 취학유예로 가정에서 생활하였는데 일상생활을 수행할 능력이 부족하고 대소변을 가리지 못하는 모습을 보였다. 방임과 폭력으로 강제분리되었을 때 시설에서 기본 생활능력은 향상되었으나 소통이 원활하지 않아 양육에 어려움을 겪자 부부는 강압적 양육태도를 보이며 양육했다. 둘째 김준우(11세, 남)는 시설에서 계속 생활하고 있으며 당시 유분증과 언어발달이 되지 않아 언어장애 3급 판정을 받았다. 셋째 김수린(6세, 여)은 어린이집에 등원하고 있지 않았고, 6살임에도 불구하고 언어발달이나 소근육 발달이 지연되었다. 또한 대소변도 가리지 못해 기저귀를 착용하였으며 부모와 강제 분리되었던 트라우마 때문에 부모 없이 외출하거나 방에 혼자 있는 것을 견디지 못하여 다리를 동동 구르거나 손톱을 자주 물어뜯었다. 막내 김혜린(3세, 여)은 옹알이도 하지 못하고, 이유식이나 턱관절을 이용하지 못해 항상 분유만 먹어 발달이 지연되고 있었다.

이 가정은 총 180만 원의 수급비로 생활하고 있으나 매월 30만 원이 기저귀와 분유 값으로 지출되었고 주로 가정에서 음식을 해 먹기보다는 외식을 즐겨 80만 원의 식생활비가 지출되었다. 공과금 또한 20만 원 이상이 발생하였다. 공과금이 지나치게 지출되는 이유는 첫째 자녀가 보일러, 수도, 전기를 모두 지나치게 사용하기 때문이다. 부부가 줄여야 하는 생활비 중 휴대 전화비가 30만 원이 지출된다. 김민식 씨는 일상생활의 스트레스와 근로활동에 보상을 받고자 개인적인 품위유지비용으로 20만 원 이상을 사용하였고, 제3금융권 대출을 간헐적으로 사용하며 무분별한 지출이 늘어났다. 최진실 씨는 낮이면 아이들과 외식이나 카페음식을 즐겼고, 스트레스 해소법이라고 말하였다. 사회복지사는 자녀들의 건강한 발달 및 최진실의 양육스트레스를 해소하기 위해 첫째 자녀의 특수학교 입학 및 활동지원서비스 안내와, 셋째, 넷째 자녀의 어린이집 등원을 안내하였지만 부부는 자녀를 쉽게 어린이집에 보내지 못하였고, 부모교육에 참여하거나 부부상담을 받는 것도 일시적으로만 참여할 뿐 지속하지 않았다. 그 이유는 어린이집에 드는 추가비용과 아동들이 부모와 떨어지는 것을 쉽게 이행할 수 없었고 인지기능의 미흡함으로 상담이나 교육에 참여하면 힘들어하였다. 자녀들이 하루 종일 집안을 어지르고 있어 환경 개선은 쉽게 이루어지지 않았고, 부부의 우울감은 가중되어 부부싸움도 잦아지고 밤마다 술을 찾아 마시는 횟수도 증가하였다.

잦은 부부싸움과 양육에 대한 스트레스로 최진실 씨는 양육에 가끔 무관심하고 감정기복이 심하였으며, 고혈압 및 빈혈로 건상이 악화되고 있었다. 부부의 강점은 원가족을 유지하고 싶은 의지와 자활에 성실히 참여하며 인터넷 활용능력이나 행정업무 처리능력이 원활한 점이다.

김민식 씨는 자신의 행복을 찾고 싶고 우울감을 개선하고 싶다고 하였고, 더불어 통제가 어려운 첫째 자녀를 양육할 수 있는 방법에 대해 알고 싶다고 하였다. 최진실 씨 또한 첫째 자녀의 양육에 어려움이 있고, 자신의 우울감과 셋째, 넷째의 발달지연으로 어려움이 있어 개선책을 찾아 삶의 의욕을 되찾고 싶어 하였다. 또한 자녀들이 과거 자신들의 부주의함으로 시설에 보내져 불안정한 정서를 갖게 된 것에 대해 반성하며 치유해 주고 싶어 하였다.

연습과제

1) 담당 사회복지사가 제안하는 토론

가정의 경제적 상황이나 부모의 자라 온 생활환경을 보았을 때 현재 자녀들을 어렵게 양육하는 이유에 대해 알 수 있다. 식생활비 및 첫째 자녀의 실수로 지출된 보상금을 제외하면 자녀들을 교육시킬 수 있는 경제적 자원이 없었으며, 부부가 서로 의지하거나 배려하지 않아 양육을 서로 떠맡기는 모습도 발견할 수 있다. 자녀들을 양육하는 데 어려움을 느끼고 효율적인 생계비 지출이 이루어지지 않지만, 원가족을 유지하고자 하는 욕구가 강하고 자녀들이 사회에서 정상적으로 성장할 수 있는 환경을 만들고 싶어 한다. 본 가정은 경제적인 어려움과 가족관계 및 교육의 어려움이 있다. 서비스를 지속시키며 스스로 양육에 대한 기반을 다지고 지역사회에서 적응하여 생활할 수 있을 것인가?

2) **역할극**

사회복지사가 클라이언트 가족을 위해 지역사회 자원에 관한 정보를 제공하는 장면에 대해 역할극을 실시하시오. 역할극을 본 후 학생들은 소감을 나눈다.

3) **사정**

동료와 함께 클라이언트를 사정하시오. 생태도를 그리거나 수업에서 배운 다양한 이론을 활용해서 해석하고 기록한다.

4) **모의 사례회의**

담당 사회복지사가 나와서 모의 사례회의를 진행하시오.

5) **실천기술 적용**

어떤 실천기법, 실천기술, 실천모델을 활용해서 개입하면 좋을지 제안하거나 실천기술이 활용되는 장면에 대한 역할극을 수행하시오.

사정 노트

사례 23

계부로부터 학대당하는 아동

기관소개

1) **기관명**: 서울마포아동보호전문기관

2) **역사 및 사업특징**: 세이브더칠드런에서 위탁운영하고 있는 서울마포아동보호전문기관은 2004년 6월 '서울마포아동학대예방센터'란 이름으로 개관하였다. 이 기관은 아동복지법 제45조에 의거하여 설치된 기관으로 서울시의 마포구, 용산구, 서대문구 3개 지역 아동들의 권리보호와 학대받은 아동의 발견 및 보호, 치료의뢰 등 아동이 안전하고 건강하게 성장할 수 있도록 돕고 있다. 기관은 현재 3개의 팀(현장조사팀, 사례관리팀, 총무팀)으로 구성되어 있으며, 주요 사업으로는 24시간 아동학대 신고 · 상담전화(112, 기관신고)를 통해 아동학대가 의심되는 아동에 대하여 신고 · 상담전화를 접수받고, 학대피해아동 및 학대행위자, 주변인에 대한 현장조사를 실시한 후 아동학대 진위여부를 판단한다. 아동학대로 판단될 경우 아동학대범죄사건에 대한 특례법 또는 아동복지법을 적용하여 응급조치 및 서비스 연계 등을 통해 아동학대의 치료와 재발방지를 위한 서비스, 더불어 원가정 보호의 경우 그 가정이 유지 · 보

존될 수 있도록 지속적인 서비스를 제공한다. 더불어 학대피해아동의 학대 후유증 치료지원을 위한 심리검사 및 심리치료를 제공하고, 아동 주변을 둘러싸고 있는 학대행위자나 보호자가 가정 안에서 올바른 양육을 할 수 있도록 부모 상담을 실시하여 재학대를 예방하는 체계를 구축하는 일을 한다.

 지역사회 특징

서울마포아동보호전문기관은 서울시 마포구 신수동(광흥창역/6호선)에 위치하고 있다. 서울시에는 총 25개구가 있고, 서울시를 관할하는 아동보호전문기관은 총 8개가 있다. 서울마포아동보호전문기관은 마포구, 용산구, 서대문구를 관할하고 있으며, 지리적으로 관할지역의 가운데에 위치하고 있어 접근성은 비교적 좋은 편이다. 관할지역 내 아동(만 18세 미만)의 수는 159,895명으로 마포구, 서대문구, 용산구 순으로 아동이 거주하고 있다. 지역사회 자원으로는 건강가정지원센터, 정신건강증진센터, 희망복지지원팀(구 소속 통합사례관리팀), 육아종합지원센터, 드림스타트센터, 종합사회복지관, 장애인종합복지관, 청소년상담복지센터 등이 있다. 그 외에도 아동의 안전한 보호와 재학대 예방을 위해 위기상황에 처한 가정에게 지역사회 내 전문기관과 협력체계를 구축하고 연계되어 있다. 현재 정기적인 회의와 통합적이고 효과적인 사례관리를 위해 협력하고 있는 기관으로는 관할 지자체에서 주도하는 통합사례관리분과, 청소년상담복지센터 실행위원회, 영유아아동복지분과, 종합사회복지관 사례전문위원회, 여성아동지역연대 등이 있다.

클라이언트 체계

1) 의뢰 과정

클라이언트 강지우(13세, 남)는 지역 내 유관기관(구청 희망복지지원단, 종합사회복지관, 지역아동센터)에서 1년 이상 사례관리가 진행되었음에도 불구하고 아동에 대한 체벌, 정서적인 위협, 물리적 방임 상황 등이 해결되지 않았다고 하여 아동보호전문기관으로 신고(의뢰)되었다. 과거 계부가 클라이언트 얼굴을 발로 찬 적이 있으며 이때 눈꺼풀이 찢어져서 여덟 바늘 정도 꿰맨 적이 있었다고 한다. 또한 계부가 매일 아동의 학습량을 체크하고 시험을 본다고 한다. 계부는 영어 단어와 한자를 하루에 30개씩 외우게 하는 등 아동에게 많은 학습량을 요구한다. 특히 계부가 체벌할 때, '개새끼' '씨발' 등의 욕설을 하면서 야구 배트로 피멍이 들 때까지 엉덩이를 열 대 이상 때린다고 한다. 안방은 뜯어진 벽지, 더럽혀진 이불, 과자 부스러기, 머리카락, 쓰레기 등 정리되지 않은 상태였고, 천장에는 거미줄이 쳐져 있으며 화장실에는 말리지 않은 빨래들이 무더기로 쌓여 있어 영·유아가 생활하기에 부적절한 환경이었다. 또한, 싱크대에는 찌든 때와 오랫동안 놔둔 젖병 및 설거지가 쌓여 있었고 냉장고 내에는 상한 음식들이 그대로 방치되어 있어 영·유아를 포함한 3명의 아동이 비위생적인 환경으로 인한 질병의 위험에 노출되어 있는 상태였다.

2) 클라이언트 정보

이 가족은 계부, 친모, 클라이언트(13세), 여동생 두 명(3세, 6개월)으로 구성된 5인 가정이다. 친모는 클라이언트가 초등학교 1학년 때 현재 계부와 재혼하였다. 클라이언트의 여동생은 모두 친모와 계부 사이의 자녀이다.계부는 영업사원이며 직업특성으로 인해 자주 술을 마신다고 하며, 계부가 술을 마시고 귀가하는 날에는 퇴근시간이 불규칙하다고 한다. 친모는 아동에게 욕설이나 체벌을 전혀 하지 않는다고 했다. 계부는 술을 마시고 난 후 친모에게 욕설을 하며 이때 친모는 아동을 방으로 들어가게 하여 아동이 자세한 상황은 보지 못했다고 했다.

아동은 현재 신수초등학교 6학년 1반이고, 계부로 인해 힘들었던 상황에 대해 담임교사에게 이야기한 적이 있었다. 위클래스에서도 상담을 받은 적이 있지만 본인에게 별로 도움은 되지 않았다고 한다. 친모는 과거에 전남편에 의한 가정폭력으로 재판이혼을 경험이 있어서 폭력과 정서적인 위협 등에 대해 매우 예민하고 새로 재혼하면서도 신중하게 생각했었다고 한다. 친모는 아동에 대한 양육스트레스로 인해 우울증 약을 복용한 적이 있었다고 한다. 아동의 문제행동은 초등학교 1학년 때부터 시작되었는데 거짓말, 도벽 등 문제행동이 심한 상태라고 하며 아동과 함께 세브란스병원 정신과에 2년 정도 통원치료를 받은 적도 있었다고 한다. 처음 신체학대가 발생된 상황은 아동이 초등학교 1학년 때 수학문제지의 답안지를 보고 풀었다는 이유로 계부에게 야구 배트로 수차례 맞은 것이라고 한다. 아동은 일주일 전쯤 학습을 하다가 계부가 방에서 나와서 1초에 영어단어 1개씩 외우라는 지시를 받았다고 한다. 아동이 거실에서 영어단어를 외우고 있을 때 계부가 옷 방으로 들어가 대걸레 손잡이 부분(쇠)을 들고 나와 욕설을 하며 "못 외울 때마다 1대씩 맞는다."라고 하였다. 아동은 그 후 새벽 1시까지 공부하다 방으로 들어갔고 부는 따라 들어와 "왜 자냐."고 재차 물어봤다고 한다. 아동은 부에게 맞을까 봐 두려워서 가출을 했다고 한다.

가출 후 며칠 전 모와 공덕역 근처에서 만나 함께 저녁밥을 먹은 후, 친모가 아동에게 집으로 들어올 것을 설득하였으나 아동이 거부하며 도망쳤다고 한다. 친모는 아동에게 "내가 없으면 다 끝난다. 잘 지내라."라는 문자를 보냈으며 이에 아동이 친모에게 전화연락을 시도하였으나 받지 않았다고 한다. 친모는 이전에 수면제 과다복용으로 응급실에 간 적이 있었으며 이 사실을 아동도 알고 있다고 한다. 아동은 순간의 감정을 이기지 못하여 마포대교로 간 후 민호 형에게 '죽겠다'는 내용의 문자를 보냈었고, 이에 민호 형이 112로 신고하여 아동은 경찰에게 구조되었다고 한다. 현재 월세금 80만 원인 집에서 생활하고 있고, 월세 체납이 5개월 정도 된 상황이며, 월 소득은 200만 원이라고 한다. 계부는 퇴거 위기에 놓여 있는 상황에서도 지난 1월 출산 후에 지원 받은 출산장려금(500만 원)을 수입차 구입에 사용하는 등 보호자로서 적절한 양육능력이 부족해 보인다. 또한 친모는 영아 이유식을 3분 카레로 해결한다거나 음식을 직접 조리하지 않고 배달음식을 이용한다고 한다.

지난 1년 동안 지역사회 내 민 · 관기관들은 클라이언트 가정을 위해 경제적, 사회적, 정서적 지원을 했지만 사례관리의 한계가 있었다. 클라이언트(아동)의 거짓말과 도벽, 가출, 자살시도 등 문제 행동이 심각한 부분이 있고, 행위자인 계부는 양육스트레스가 높은 가운데 양육의 물리적 환경개선 의지와 지역사회기관들에게도 협조적인 태도를 보였으며, 아동들을 잘 양육하고 싶은 의지를 보였다.

연습과제

1) 담당 사회복지사가 제안하는 토론

① 클라이언트(아동)가 가정에서 행위자인 계부와 함께 생활할 경우 재학대 가능성이 매우 높아 시설에서 일시적으로 보호받는 것을 제안했지만, 클라이언트는 시설에 가는 것을 강력하게 거부하고 있다. 그 이유는 친모와 동생들과 떨어지기가 싫고 시설에서 지낼 경우 학교에도 '시설아이'라고 놀림을 당할 것이라고 한다. 하지만 계부와는 절대 같이 살고 싶지 않고, 함께 있는 것이 두렵다고 한다. 담당 사회복지사로서 클라이언트의 '욕구'와 클라이언트의 '안전'의 가치가 상충할 때 어떻게 개입계획을 세워야 할까?

② 가정을 분리하지 않은 상태에서 부모에 대한 경고 조치 및 긍

정적인 훈육상담교육 등을 통해 안전한 보호환경을 조성하도록 지원하는 것이 나을지, 아니면 영·유아를 포함한 아동들을 물리적 방임환경에서 벗어나 시설에서 안전하게 보호하는 것이 나을지 신중하게 개입계획을 세워야 한다. 지역사회 내 유관기관들의 원활한 협조 및 인적, 물적 자원이 풍부하고 계부의 양육의지 또한 높은 상황이지만, 방임학대에 장기간 노출된 클라이언트 외 나머지 아동들(여자아동 2명)에 대한 보호방안은 어떻게 세워야 할까?

2) 역할극

사회복지사가 클라이언트의 강점을 발견하고 그것을 활용하는 방법을 설명하는 장면에 대해 역할극을 실시하시오. 역할극을 본 후 학생들은 소감을 나눈다.

3) 사정

동료와 함께 클라이언트를 사정하시오. 생태도를 그리거나 수업에서 배운 다양한 이론을 활용해서 해석하고 기록한다.

4) 모의 사례회의

담당 사회복지사가 나와서 모의 사례회의를 진행하시오.

5) 실천기술 적용

어떤 실천기법, 실천기술, 실천모델을 활용해서 개입하면 좋을지 제안하거나 실천기술이 활용되는 장면에 대한 역할극을 수행하시오.

사정 노트

사례 24

시설에서 가정으로 복귀한 후 문제를 보이는 아동

기관소개

1) **기관명**: 크리에이티브휴 힐링센터

2) **역사 및 특징**: 크리에이티브휴 힐링센터는 현재 사설 상담기관으로서 사회복지사에 의해 2015년 심리상담서비스 제공을 목적으로 설립되었다. 이 기관은 장애인, 아동, 청소년을 대상으로 상담 및 심리치료 사업과 저소득층 학습지원사업을 실시하고 있고, 지역사회 학교 생명존중(자살예방 사업), 심리정서지원(미술치료, 무용동작치료, 음악치료), 심리예방 운동의 일환으로 심리예방 서비스인 '그리다마음' 사업을 운영 중에 있다.

지역사회 특징

크리에이티브휴 힐링센터는 행정구역상 서울시 서초구에 위치해 있지만 지역사회 특징에 영향을 받지 않는 전국 사업으로 운영

중에 있다. 센터가 위치한 서울시 서초구는 서울 8학군에 속한 지역으로 높은 교육열이 특징이며 부유층이 살고 있는 지역이지만 일부지역은 차상위계층이 밀집되어 있어 이 지역을 중심으로 복지사업이 진행되고 있다.

동시에 크리에이티브휴 힐링센터는 서울경기지역 중심으로 학습지원, 심리정서지원사업을 운영하며 사례를 발굴하고 있으며 이 밖의 지역은 각 지역의 상담치료사 및 사회복지사를 연계하여 사례관리하고 있다.

클라이언트 체계

1) 의뢰 과정

클라이언트 박영석(10세, 남)은 클라이언트의 학교생활 부적응의 문제로 학교교사가 처음 상담을 의뢰하였다. 생활시설은 퇴소한 아동에 대한 지원자원이 없기 때문에 생활시설의 담당했던 생활지도사가 본 기관으로 학습지원 사업 및 상담개입을 의뢰하여 클라이언트를 만나게 되었다.

2) 클라이언트 정보

클라이언트는 갓 돌이 지났을 무렵 친모(미혼모, 친부 정보 없음)가 아동시설로 입소시켰고 현재는 친모의 왕래가 끊기고 몇 년 전부터 외조부(65세)와 연락이 되고 있는 상황이었다. 외조부는 딸

(클라이언트의 친모)의 가출 후 아동의 소식을 듣고 클라이언트를 데려갔다. 외조부는 딸이 초등학생 때 아내와 이혼하고 일가친척의 왕래 없이 홀로 생활하고 있는 상황이었다.

클라이언트는 입소 초기(만 2세) 때에 언어발달에 문제를 나타내어 발달검사를 진행하였으나 인지 발달에는 이상이 없었고 이후 말을 하기 시작하며 성장하였다. 클라이언트가 만 5세 때 결연후원자가 클라이언트에게만 연결이 되지 않아 외부후원활동 외출을 못하게 되며 단기 놀이치료 시 애정에 갈급한 욕구를 드러내기도 하였다. 이후 별다른 큰 사건 없이 시설생활에 적응하며 생활하다가 클라이언트가 만 9세 때 외조부가 아동의 존재를 알고 가정 복귀를 원하여 절차를 밟아 가정으로 데려가게 되면서 생활시설에서 퇴소했다.

그러나 가정으로 돌아간 후 외조부의 생업인 생선장사가 어려워지면서 폐업하게 되어 외조부가 현재는 공사현장에서 일용직으로 노동하며 생활하고 있어 외조부가 홀로 아동을 양육하기에는 경제적인 어려움이 있다.

아동은 가정으로 돌아간 것을 계기로 전학을 했고 그 이후부터 학교적응에 어려움을 보였다. 학교생활 중 교사가 보지 않을 때에 또래 학급 아동을 때리는 일이 몇 번 있었고, 학급 내 친구의 가방에서 3만 원 가량의 돈을 훔치는 사건이 생겨 끝내 잘못을 인정하지 않아 경찰서의 개입이 있었다. 그 밖에도 조별활동 중 방해되는 행동을 보이거나 산만한 행동이 문제행동으로 보여졌다. 학교 담임교사가 주의력결핍 과잉행동장애(ADHD)를 의심하여 아동이 지냈던 생활시설에 상담을 의뢰하였고, 생활지도사가 본 기관으로

재의뢰하여 아동을 만나보게 되었다.

아동과의 첫 상담 시 외조부와 동행하였고 경계하는 눈빛과 무표정으로 일관하였으나 이내 관심사 이야기를 하며 점차 마음의 문을 열었다. 아동은 다른 것은 전혀 하고 싶어 하지 않았지만 운동을 배워 보고 싶은 욕구를 이야기하였다. 또래 친구들이 복싱학원을 다니는데 처음으로 무엇을 배워 보고 싶은 마음이 생겼다고 하였다. 학교생활화 검사 시 또래에게 관심 받고 싶어 하는 애정의 욕구가 강하게 있으나 사회적인 관계를 맺는 방법을 어려워하는 것으로 나타났다. 또한 아동은 외조부에 대해 "말이 안 통한다. 무섭다."라고 표현하였고 차라리 예전 생활시설로 돌아가고 싶다고 하였다. 무섭다는 표현으로 학대나 방임이 있었는지 상담 및 조사를 해 보았으나 특별한 이상은 없었고, 상담 및 검사 결과 무엇보다 가족에 대한 동경, 친모에 대한 그리움과 내재된 우울감 지수가 높게 나타났다. 이에 따른 심리 정서적 지원 미술치료 20회기를 결정하였고 그 안에서 또래관계를 회복할 수 있는 사회성 훈련 프로그램도 함께 진행하기로 하였다. 다행히 아동은 운동영역에서 뛰어난 실력을 보여 또래 사이에서 인정을 받는다고 하는 등 긍정적인 이야기를 하기도 하였다. 클라이언트는 종합적으로 단순한 심리지원 문제뿐만 아니라 의식주 면에서 방과 후에 놀이터나 동네 게임방에서 배회하는 등 아무런 케어가 되지 않고 있었고 이런 상황으로 외조부를 만나 상담을 진행하였다.

외조부는 아동의 심리정서적인 상담이 필요하다는 결과는 수용하지 않았다. 초등학교 4학년이므로 학습 면에서 부족하다고 하면서 아동의 학원지원과 공부만을 강조하였다. 또한 아동이 이렇게 된 것은 생활시설에서의 단체생활 때문이라는 이야기만 반복하며 아동을 스스로 잘 키울 수 있다고 하였다. 사회복지사는 2회의 상담 끝에 심리정서적 상담이 필요하다는 검사지를 통해 설득하여 상담지원을 동의받았다. 외조부와 아동이 거주하고 있는 집은 지하 단칸방으로 생활상의 부분도 도움이 필요한 것으로 보여 사회복지사는 외조부에게 직업상담 및 연계를 제안하였으나 역시 거부하였다.

연습과제

1) 담당 사회복지사가 제안하는 토론

클라이언트는 만 2세부터 만 8세까지 생활시설에서 살다가 가정으로 돌아갔다. 아동과의 상담 시 아동은 시설로 가고 싶은 욕구를 이야기하기도 했지만 경제적인 여건이 나아질 것이라는 희망감과 생활시설에 대한 부정적 인식으로 외조부는 반대하고 있다. 사회복지사로서 클라이언트의 의견에 따라 생활시설 재입소가 안전할 것인지 혹은 힘들더라도 원가정에서 생활할 수 있도록 자원을 지원해 주는 것이 나은 것일지 깊은 딜레마에 빠져있다. 아동의 의견을 따른다 하더라도 생활시설 입소 조건(방임)에는 다소 충족하지 않는 상태이다.

2) 역할극

학생 3명이 참여해서 사회복지사, 할아버지, 클라이언트 역할을 맡은 후, 사회복지사가 강점관점으로 할아버지, 클라이언트와 협력해서 문제를 해결해 가는 장면에 대한 역할극을 실시하시오. 역할극을 본 후 학생들은 소감을 나눈다.

3) 사정

동료와 함께 클라이언트를 사정하시오. 생태도를 그리거나 수업에서 배운 다양한 이론을 활용해서 해석하고 기록한다.

4) 모의 사례회의

담당 사회복지사가 나와서 모의 사례회의를 진행하시오.

5) 실천기술 적용

어떤 실천기법, 실천기술, 실천모델을 활용해서 개입하면 좋을지 제안하거나 실천기술이 활용되는 장면에 대한 역할극을 수행하시오.

사정 노트

3장

사회복지실천의 기초 용어

3장에서는 사회복지실천현장에서 사정 및 사례회의에서 활용 가능한 400여 개의 사회복지실천 기초 용어를 제시한다. 학생들은 이 용어를 수업과 실무현장에서 적극 활용하기를 권장한다.

1. 사회복지 이론, 모델, 관점

4P	problem, person, place, process
6P	problem, person, place, process, professional, provisions
가족구조	family structure
가족규범	family norm
가족복지	family welfare, social work with families
가족생활	family life
가족체계	family system
가치	value
간접실천	indirect practice
강점	strength
강점관점	strength perspective
개방체계	open system
거시체계	macro system
경계	boundaries
과제중심모델	task-centered model
기회의 평등	equality of opportunity
네겐트로피	negentropy
능력	capability
다문화 관점	multicultural perspective
문화적 역량	culture competence
미시체계	micro system
반성적 실천	reflective practice
변화매개 체계	change agent system
사례관리	case management
사회복지 윤리강령	social welfare code of ethics
사회복지	social welfare
사회복지사	social worker
사회복지실천	social work practice
사회복지정책	social welfare policy
사회복지행정	social welfare administration
사회적 관계망	social network
사회적 기능	social function

사회적 안녕	social well-being
사회적 역할	social role
사회적 정의	social justice
사회참여	social participation
사회통합	social integration
사회환경	social environment
생의학적 접근	biomedical approach
생태체계모델	eco-systemic model
성인지 관점	gender-sensitive perspective
소진	burnout
슈퍼바이저	supervisor
슈퍼바이지	supervisee
실천 기술	practice skill
실천 틀	practice framework
실천관점	practice perspective
실천모델	practice model
심리 · 사회적모델	psycho-social model
아동보호	child care
아동복지	child welfare
엔트로피	entropy
여성주의(페미니즘)	feminism
역동성	dynamic
역동적 평형상태	dynamic equilibrium
역량강화(임파워먼트)	empowerment
영성	spirituality
욕구	need
원조과정	helping process
원조관계	helping relationship
윤리적 결정	ethical decision
윤리적 딜레마	ethical dilemmas
의료모델	medical model
이타주의	altruism
이해	understanding
인간 존엄성	human dignity
인간서비스	human service
인간중심 접근법	person-centered approach
인간행동	human behavior
인지이론	cognitive theory
인지행동모델	cognitive-behavioral model
일반체계이론	general system theory
임상사회사업	clinical social work
자기결정권	self-determination

자립생활모델	independent living model
자아방어기제	self-defense machanism
자원	resource
자원봉사	volunteer
장애	handicap, disability, disorder
장애인복지	handicapped welfare, disabilities welfare
재가복지	domiciliary care
재활	rehabilitation
적응	adaptation
전문가체계	specialist system
정신분석이론	psychoanalytic theory
정신역동모델	psychodynamic model
조정, 순응, 적응	adjustments
중간체계	mezzo system
지금-여기	here and now
지역사회	community
지역사회 자원	community resource
지역사회 정신의학	community psychiatry
지역사회복지	community welfare
지역사회조직	community organization
직접실천	direct practice
집단 역동	group dynamics
집단사회사업	group work
차별	discrimination
체계	system
체계이론	system theory
치료 동맹	therapy alliance
클라이언트	client
클라이언트 중심 모델	client centered model
클라이언트 체계	client system
클라이언트의 권리	rights of client
탄력성	resilience
파문효과	ripple effect
평등	equality
폐쇄체계	closed system
학습이론	learning theory
항상성	homeostasis
해결중심 접근	solution focused approach
행동주의이론	behaviorism
행동체계	behavior system
현장	field
홀론	holon
환경 속의 인간	person in environment, PIE

2. 사회복지사의 역할과 기능

계획가	planner
교육가	teacher
동료	colleague
사례관리자	case manager
사정자	assessor
상담가	counselor
연구자	researcher
연설가	public speaker
옹호자	advocate
조력자	initiator
조성자	enabler
조정가	coordinator
중개자	broker
중재자	mediator
집단 촉진자	group facilitator
촉매자	catalyst
평가자	evaluator
행동가	activist
행정가	administrator
현장개입가	outreach
협상가	negotiator

3. 사회복지실천 관계론

개별화	individualization
비밀보장	confidentiality
비심판적 태도	non-judgemental attitude
수용	acceptance
의도적인 감정표현	purposeful expression
클라이언트의 자기결정	client self-determination
통제된 정서관여	controlled emotional involvement

4. 원조과정

접수	intake
관여, 참여	engagement
의뢰	referral
스크리닝	screening
자료수집	data collection
사정	assessment

목표설정	goal setting
계획	planning
계약	contract
개입	intervention
중간점검	monitoring
평가	evaluation
종결	termination
사후관리	follow-up

5. 클라이언트 정보

가정폭력	family violence
가족구성원	family member
개인 위생	personal hygiene
거식증	anorexia
관계	relationship
교우관계	friendship
긴급사례	urgent case
나이	age
낙태	abortion
난민	refugee
날짜	date
내방	to a client's home
노숙인	homeless people
노인	the old, old person, aged person
다문화 가족	multicultural family
만성정신질환자	chronic mental patient
문의경로	channel
문제	problem
방문	a visit
부랑인	vagabond
상담	counseling
서비스 이용 대상자	object of utilization of service
성별	sex, gender
성인	adult
성폭력	sexual violence
수입	income
신청자	applicant
신체 장애	physical disability
아동	child
아동학대	child abuse

알코올	alcohol
암	cancer
약	medicine
약물 남용	drug abuse
연락처	phone number
외모	appearance
외상후 스트레스 장애	posttraumatic stress disorder, PTSD
요보호아동	child requiring protection
우울증	depressive disorder
의뢰 대상자	object of referral
의사소통 장애	communication disorder
이름	name
일상적인 문제	ordinary problem
임신	pregnancy
입양	adoption
자살	suicide
자폐증	autism
장애인	disabled person, the disabled
전화	by telephone
접수자	receptionist
정보제공 대상자	object of information offering
정신건강	mental health
정신장애	mental disorder
정신장애인	the mentally disabled
조울병	manic depressive illness
조증	mania
조현병	schizophrenia
종결	termination
종교	religion
주거	housing
주민등록번호	resident registration number
주소	address
주의력결핍 및 과잉행동 장애	attention-deficit hyperactivity disorder, ADHD
중독	addiction
지적장애	mental retardation
직업	job
집중사례	intensive case
처방전	prescription
청소년	youth, adolescent
추가정보	additional information
출산	childbirth
출생연도	birth

치매	dementia
판정	judgement
표적 문제	target problem
표적 행동	target behavior
프로그램 신청	to apply for a program
학대	abuse
학대행위자	batterer
학습장애	learning disability
학업수행	school performance
한부모가족	single-parent family
형제자매	siblings
호스피스	hospice
환자	patient
후천성면역결핍증	Acquired Immune Deficiency Syndrome, AIDS

6. 사정 및 평가

가계도	genogram
검토	review
과정평가	process evaluation
기초선	baseline
단일사례연구설계	single case research design
사정	assessment
사회도(소시오그램)	socio-gram
생태도	eco-map
생활력 도표	life history diagram
설문조사	survey
성과평가	outcome evaluation
슈퍼비전	supervision
실험설계	experimental design
심리검사	psychological testing
심리사회적 평가	psycho-social evaluation
요약	summary
욕구 사정	need assessment
자료분석	data analysis
재사정	reassessment
점검	monitoring
정보	information
진단	diagnosis
책무성	accountabilities
총괄평가	general evaluation
클라이언트 만족도	client satisfaction

표준화된 측정도구	standardized measurement tool
피드백	feedback
해석	interpretation
현장조사	field study
형성평가	formative evaluation
효과성	effectualness
효율성	efficiency

7. 개입

가정위탁	foster care
가족상담	family counseling
가족조각	family sculpting
가치갈등	value conflict
가치관	value system
감정의 환기	ventilation
감정이입	empathy
강화	reinforcement
개방형 질문	open-ended questions
개입	intervention
거주시설	housing facilities
건강보험	health insurance
건강보호	health care
격려	encouragement
경제적 지원	economic support
경청	listening (closely)
공감	sympathy
공공부조	public assistance
공동생활가정	grouphome
과정기록	process recording
관계형성	formation of relationship
관심	interest
교육	education
권한 부여	grant of authority
나 전달법	I-message
낮 병원	day hospital
네트워킹	networking
단기보호	short-term stay
대응	action
독립생활(자립생활)	independent living
동의	agreement
라포	rapport

맞춤형 서비스	customized service
멘토	mentor
멘티	mentee
모금활동	fund-raising activity
물리치료	physical therapy
민감성	susceptibility
반영	reflection
반응	response
복지 네트워크	welfare network
부부상담	marital counseling
부적응	maladjustment
부정	denial, negation
불신의 정지	suspension of disbelief
비공식적 자원	informal resource
비언어적 의사소통	nonvocal communication
사례관리 계획서	case management plan
사례관리 보고서	case management report
사회기술훈련	social skill training
사회복귀	rehabilitation
사회복귀시설	rehabilitation center
사회적 지원/지지	social support
사회적응훈련	social adjustment training
사회복지행정	social welfare administration
사회-심리극(소시오드라마)	sociodrama
상담	counseling
상보성	complementarity
상호작용	interaction
쉼터	shelter
시설보호	institutional care
아웃리치	outreach
안전	safty
양가감정	ambivalence
억압	suppression
여가활동	leisure activity
역전이	counter-transference
영양공급	nutrition
예방	prevention
예외질문	exception question
외래치료	outpatient treatment
요양원	nursing home
응급보호	emergency protection
의사소통 기법	communication technique

이름 붙이기	labeling
이중구속	double bind
일상생활지원	routine daily-life support
일시보호	temporary care
입원치료	hospital treatment
자기관찰	self-observation
자기보호	self-care
자기인식	self-awareness
자기통제	self-control
자료수집	data collection
자립능력	independence ability
자아노출	self-exposure
자아정체감	self-identity
자원개발	resource development
자활사업	self-sufficiency program, workfare
작업동맹	working alliance
장기요양서비스	Long-term care service
재명명	relabeling
재보증	reassurance
재정관리	money management
재활상담	rehabilitation counseling
재활시설	rehabilitation institution
재활훈련	rehabilitation training
저항	resistance
적응	adjustment
전이	transference
전치	displacement
전환	conversion
정서적 지지	emotional support
조언	advice
조정	coordination
존중	respect
주간보호	day care
직면	confrontation
직업재활	vocational rehabilitation
직업훈련	vocational training
직접관찰	direct view
집단상담	group counseling
집단치료	group therapy
초기 면접지	intake sheet
치료	therapy
치료모델	therapy model

탈삼각화	detriangulation
통제	control
퇴행	regression
투사	projection
편견	bias
폐쇄형 질문	closed-ended question
합리화	rationalization
해결중심단기치료	solution-focused brief counselling
환기	ventilation
훈련	training
휴식	recreation

저자 소개

조성우 백석대학교 사회복지학부 교수 jsw0522@hanmail.net

김현진 방화2종합사회복지관 사회복지사 huy0514@naver.com

오진석 강남구청소년쉼터 사회복지사 jinsuk9833@hanmail.net

김보람 우리동네지역아동센터 사회복지사 br5261@naver.com

강은경 안성시청 사회복지사 ccocco18@korea.kr

임완주 서울시립신목종합사회복지관 사회복지사 pungky20@naver.com

유민태 서울시립비전트레이닝센터 사회복지사 yoomintae@naver.com

전재현 서울시각장애인복지관 사회복지사 tlwldus2@daum.net

정무봉 숭실고등학교 사회복지사 moobongg@naver.com

박유진 성남시노인보건센터 의료사회복지사 puj5443@naver.com

서우혁 시흥장애인종합복지관 사회복지사 dngur7667@naver.com

김정희 인천광역시 일시청소년쉼터 꿈꾸는별 사회복지사 attract1229@naver.com

장옥희 오산종합사회복지관 무한돌봄북부네트워크팀 사회복지사 wkddhrgml12@hanmail.net

최영재 굿네이버스 충남서부아동보호전문기관 사회복지사
qwqw0013@naver.com

나은택 충청남도노인보호전문기관 사회복지사 netnzz@naver.com

정성운 양재종합사회복지관 사회복지사 tjddns0717@naver.com

이돈식 수원시휴먼서비스센터 사회복지사 ehstlrdl123@naver.com

김현철 구세군강북종합사회복지관 사회복지사 drama0403@hanmail.net

김보람 방화2동주민센터 사회복지사 kimboram@gangseo.seoul.kr

신혜영 안산글로벌청소년센터 사회복지사 gpdud109@naver.com

송화현 고양시아동청소년정신건강복지센터 정신건강사회복지사
shh9338@naver.com

차재선 수원시성인정신건강센터 정신건강사회복지사 tree8979@naver.com

이지연 미추홀종합사회복지관 사회복지사 ji9182@hanmail.net

주솔로몬 서울마포아동보호전문기관 사회복지사
joosolomon@gmail.com

박지원 크리에이티브휴 힐링센터 사회복지사 jiwnn87@hanmail.net

손세희 사회복지사, 성균관대학교 일반대학원 사회복지학과
sssss_hee@naver.com

사회복지사가 쓴 클라이언트 사례집
-사회복지실천 워크북-
Client case book
-the social work practice workbook

2018년 3월 10일 1판 1쇄 발행
2024년 8월 20일 1판 5쇄 발행

지은이 • 조 성 우 외
펴낸이 • 김 진 환
펴낸곳 • (주) 학지사
04031 서울특별시 마포구 양화로 15길 20 마인드월드빌딩 5층
대표전화 • 02) 330-5114 팩스 • 02) 324-2345
등록번호 • 제313-2006-000265호
홈페이지 • http://www.hakjisa.co.kr
인스타그램 • https://www.instagram.com/hakjisabook

ISBN 978-89-997-1362-0 93330

정가 **13,000**원